Petit traité de l'art de couper le fromage

et de l'assortir au pain et au vin

Marco Parenti

Dans la même collection

Mireille Gayet, *Grand traité des épices*
Prix Gourmand World Cookbook Award pour les illustrations (2010)

Mireille Gayet, *Grand traité des herbes aromatiques*
Prix de littérature culinaire de l'Académie nationale de cuisine (2012)

Isabelle Avisse, *Grand traité des miels*
Grand Prix de littérature culinaire de l'Académie nationale de cuisine (2014)

Béatrice Vigot-Lagandré, *Petit traité de l'omelette*

Martine Agrech, *Petit traité de la farine complète*

Mireille Gayet, *Petit traité de la confiture*

Pierre-Brice Lebrun, *Petit traité de la boulette*
Prix Cerise sur le gâteau du Festival des littératures gourmandes (2009)

Pierre-Brice Lebrun, *Petit traité des pâtes*

Olivier Gaudant, *Petit traité des sauces*

Martine Agrech, *Petit traité de l'huile d'olive*
Prix de littérature culinaire de l'Académie nationale de cuisine (2012)

Pierre-Brice Lebrun, *Petit traité du pois chiche*
Prix de littérature culinaire de l'Académie nationale de cuisine (2011)

Mireille Gayet, *Petit traité de la sardine*

Mireille Gayet, *Petit traité du yaourt*

Illustrations : Marazia

www.lesureau.com
www.adverbum.fr

ISBN 978-2-36402-124-2

Petit traité de l'art de couper le fromage

et de l'assortir au pain et au vin

Marco Parenti

Abréviations

g : gramme
cs : cuillère à soupe
min : minute

Il était une fois un jeune berger qui voulait se marier et qui connaissait trois sœurs, si belles toutes les trois que le choix était difficile. Il ne savait pas sur laquelle des trois jeter son dévolu.
Il demanda conseil à sa mère, qui lui dit : « Invite-les toutes les trois, offre-leur du fromage et observe la façon dont elles le coupent. » Il suivit le conseil. La première avala le fromage avec sa croûte ; la deuxième ôta la croûte en un rien de temps, mais élimina ainsi la partie savoureuse et jeta tout en vrac ; quant à la troisième, elle enleva la croûte comme il faut, ni trop, ni pas assez.
Le berger raconta les faits à sa mère, qui lui répondit : « Épouse donc la troisième. » Il agit de la sorte et vécut heureux avec elle.

Jacob et Wilhelm Grimm, *Le Choix d'une épouse*

Avant-propos

À la naissance de J.-P. Gallois, écrivain méticuleux et grand expert en fromages, sa grand-mère forma un vœu : « Pourvu qu'il sache vraiment apprécier le fromage ! » Bien plus modestement, quand je vis le jour, mon père annota dans son carnet que c'était un mardi et qu'un merle sifflait dans l'allée devant notre maison. Cela ne m'a pas empêché d'avoir, dès mon enfance, un véritable faible pour les produits fromagers : mon tout premier amour fut une petite fille qui louchait et qui adorait les laitages.

Le fromage me fascinait. Lorsque, adolescent, j'étudiais la chimie avec un ami, nous décidâmes de créer un fromage complètement nouveau parce que fabriqué à partir d'un lait différent. En effet, puisque pendant la guerre on avait su extraire des graisses du charbon, de l'alcool des pommes de terre et j'en passe, pourquoi ne pas fabriquer, à partir du lait humain, le fromage parfait, qui serait plus riche que tout autre en protéines et en vitamines ? Nous avions repéré, dans les jardins publics de notre ville, une jeune et belle nourrice, aux formes généreuses, qui semblait parfaitement se prêter à l'expérience que nous souhaitions mener. Mon camarade se chargea de la courtiser, discrètement mais fermement, dans un but, bien entendu, exclusivement scientifique.

Mais, lorsque la belle nourrice, qui avait accepté de nous servir de cobaye, découvrit, enfin, ses formes pour que mon ami puisse en tirer le lait destiné à nos expériences, celui-ci fut tellement aveuglé par tant de beauté qu'il en oublia tout le reste. Depuis, j'ai perdu toute trace de lui et de sa compagne.

Déçu, abandonné, je laissai de côté mes rêves scientifiques, ce qui ne m'empêcha pas de continuer à aimer passionnément le fromage et à étudier la meilleure façon de le savourer, de l'apprécier et de découvrir les nuances les plus secrètes et les plaisirs les plus intimes qu'il peut réserver au palais le plus exigeant.

Le fruit de mes cogitations est contenu dans ce petit livre que je dédie à tous ceux qui aiment les plaisirs de la table : j'espère qu'il les aidera à savourer davantage encore l'intime jouissance que peut procurer une part de fromage coupée selon les règles de l'art.

De l'importance de bien couper le fromage

Pour que l'on puisse apprécier pleinement ses différentes caractéristiques organoleptiques – odeur, couleur, saveur – le fromage doit être accompagné d'un vin et d'un pain appropriés ; mais, avant cela, il faut qu'il soit arrivé à parfaite maturation, qu'il soit servi à la bonne température et qu'il ait été coupé de façon impeccable.

Les amateurs de fromages se doivent de connaître le rituel de la coupe, car cela fait partie intégrante du plaisir de la dégustation. Ce n'est pas par hasard que les maîtres du Zen et les grands philosophes orientaux ont sacralisé, en quelque sorte, le goût du rituel, même pour les choses les plus simples : le rite de l'*ikebana* zen, celui de la préparation du thé, ont été transmis de génération en génération, de même que dans le *kamasutra* a été codifié le « climax » du plaisir sexuel, car c'est justement grâce au rituel que l'on peut apprécier, développer et savourer pleinement l'acte que l'on est en train d'accomplir !

Il y a une belle différence entre une tasse de thé avalée à toute vitesse dans un café bondé et celle que l'on savoure tranquillement chez soi, avec des gestes lents et mesurés. De même, la conquête d'une belle femme est d'autant plus gratifiante que la cour a été longue. Voilà pourquoi l'acte de couper le fromage doit aussi être une cérémonie, parce que l'on satisfait ainsi un désir, celui de savourer un aliment vivant béni des Dieux et parce que l'on perpétue, de cette façon, une tradition millénaire : l'offrande que le maître de maison fait à son hôte. Car c'est le maître de maison et personne d'autre qui doit présenter le plateau des fromages et servir les invités. Après s'être enquis des goûts de chacun de ses convives, il choisit le fromage le plus adapté à l'un ou à l'autre d'entre eux et il coupe d'une main ferme la part qui lui est destinée.

La façon de couper, le choix du couteau en diront long sur le raffinement du maître de maison, avant même que l'hôte n'ait pu apprécier le fromage accompagné du vin et du pain qui conviennent le mieux à sa dégustation.

Couper le fromage est un véritable art. C'est un rituel que l'on apprend à maîtriser avec le temps et avec la connaissance que l'on acquiert des différents types de pâtes fromagères, avec l'expérience acquise en goûtant maintes et maintes fois la même qualité de fromage, ce qui permet d'en étudier les propriétés et les caractéristiques tout en identifiant ses points faibles, ses nuances les plus secrètes et ses « mariages » les plus réussis.

Le « maître du couper » jouait un rôle fondamental dans les fêtes de la Renaissance ; il s'agissait d'un véritable fonctionnaire chargé par la cour de préparer les banquets, de placer les convives et de rendre le décor le plus fastueux possible.

De même que l'échanson – institution encore plus ancienne – avait la tâche de verser les boissons et de les goûter – non seulement pour vérifier si elles étaient bonnes, mais aussi pour éviter au maître de maison de désagréables surprises – « le maître du couper », chargé de découper les mets et de les présenter aux convives, devait respecter un rituel très précis. Le bon déroulement de la cérémonie dépendait donc, en grande partie, de sa compétence, car le festin était d'autant plus prestigieux que sa performance était complexe et acrobatique et la mise en scène spectaculaire. En effet, ce n'était pas un exercice de tout repos que de découper une bête entière au son de la musique et sous les yeux de rois, princes et nobles, parfois en « plain aire », tout en choisissant les meilleurs morceaux et en les présentant aux convives selon les règles du protocole le plus strict. Cela demandait, outre une parfaite connaissance de l'anatomie animale, une grande maîtrise des mouvements et une excellente forme physique pour pouvoir soutenir l'effort.

De même, il fallait une véritable précision d'horloger pour écailler un œuf dur sans en entamer le blanc, en le maintenant en équilibre à l'aide d'une sorte d'épingle à cheveux ; ou encore pour découper

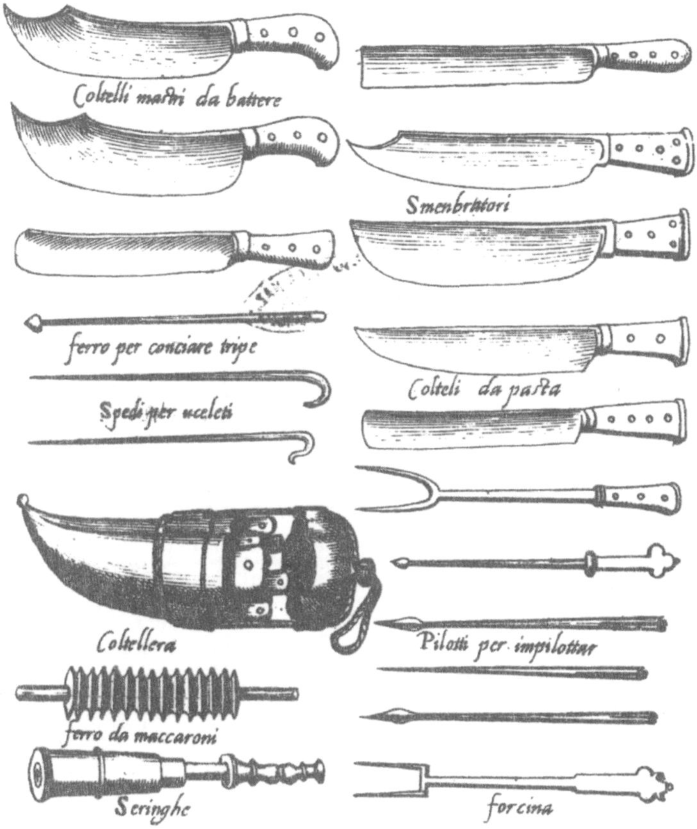

Les ustensiles de la table, *de Girolamo Messisburgo, Ferrara, 1549.*

les fromages selon des formes géométriques et des emboîtements extrêmement raffinés comme l'exigeait le cérémonial.

On retrouve la trace de ces dignitaires de la table – qui déployèrent tous leurs efforts pour rendre l'art de servir à table de plus en plus raffiné – dans la littérature, dans les reproductions d'œuvres d'art ou dans les récits historiques.

Il est intéressant de citer certains textes qui nous parlent des remarquables dons des maîtres de la coupe : du traité prodigieux de Mattia Giegher datant de 1637, à l'œuvre fondamentale de Vincenzo Cervio, *Il trinciante* (« L'Écuyer tranchant »), de 1581, en passant par *L'Epulario* (« L'Épulaire ») de Bartolomeo Saffi, « le cuisinier secret du pape Pie V », publié en 1570. Citons également l'œuvre de Giacomo Messisburgo, *La tavola delle posate* (« La table des couverts »), datant de 1549, où l'on peut admirer un beau set de couteaux accompagné de son étui et, plus tard, les recommandations d'Antonin Carême dans *L'art de la cuisine française au XIXe siècle.*

Bien entendu, alors que l'échanson « doit faire preuve de rigueur et de fidélité, car c'est de lui que dépendent la santé du maître ainsi que d'autres vertus bien plus durables... », le « maître du couper » n'a pas les mêmes responsabilités en ce qui concerne l'intégrité de son seigneur : en effet, si les cas d'empoisonnement par la boisson sont relativement fréquents dans l'histoire, rares sont ceux qui ont quitté cette vie par l'intervention du « maître de couper » et de ses instruments.

En tout cas, l'un de mes amis, qui a beaucoup étudié ce genre de question, m'a assuré que l'on ne connaît aucun cas de meurtre par le fromage car – et c'est là ma profonde conviction – on ne saurait tuer avec cette nourriture céleste : justement, par sa nature presque divine, le fromage résiste à de telles manipulations !

Bien au contraire ! La légende raconte que le sultan Mohamed Othman El kay Habi – déjà très vieux et si malade que l'on s'attendait à ce qu'il trépasse vers l'Eden d'une minute à l'autre et, de surcroît, chargé de graves problèmes dynastiques car n'ayant pas d'héritier légitime – put enfin trouver un digne successeur à la tête du sultanat grâce à un rêve prophétique. En effet, un ange lui annonça qu'il pourrait enfin avoir le garçon tant espéré, mais à une condition : qu'il s'unisse avec une vierge une semaine avant le ramadan. Le sultan ayant fait part à l'ange de sa perplexité quant à la réalisation matérielle d'une telle opération, l'émissaire d'Allah lui répondit qu'il pourrait acquérir la vigueur nécessaire en mangeant le fromage produit avec le lait d'une jeune chamelle albinos mais, encore une fois, à une condition : que le fromage fût coupé selon un rituel particulier, de façon à ce que le sultan mangeât d'abord les morceaux les moins savoureux pour goûter ensuite, progressivement, les plus délicieux. On raconte qu'à la suite de ce rêve le sultan s'unit à quatre-vingt-six vierges qui lui donnèrent quatre-vingt-six garçons !

Pour certains fromages, la partie la plus savoureuse se trouve au centre de la forme, pour d'autres vers le bord ; certaines qualités doivent être coupées dans le sens horizontal pour dégager tout leur parfum, d'autres verticalement, etc. La connaissance de ces quelques principes fondamentaux fournit les premiers éléments pour bien apprendre à couper le fromage.

Cependant, tout le monde n'est pas d'accord là-dessus. Selon certains, la part de fromage que l'on présente à table devrait avoir une saveur uniforme. Certains théoriciens, dont Paul Reboux, en arrivent à soutenir que le fromage devrait être servi sans la croûte, ce qui constitue non seulement une aberration mais l'une des plus grandes hérésies jamais proférées. Cela reviendrait à présenter à ses invités une corbeille de fruits remplie de pommes, de poires et de pêches déjà pelées. La croûte d'un fromage, de tous les fromages, n'est autre que l'enveloppe naturelle qui cache la merveille des merveilles, l'écrin qui recèle les bijoux les plus précieux.

On raconte que le roi Victor Emmanuel II, fin gourmet et très cher ami de Napoléon III, était appelé « le père de la Patrie » non pas parce qu'il avait involontairement uni la nation italienne, mais parce qu'il avait engrossé de nombreuses bergères pendant ses parties de chasse au bouquetin.

Un jour qu'il reluquait une jeune et jolie bergère, il ordonna à son lieutenant d'acquérir les faveurs de la pauvresse. Ayant fait l'affaire avec le père pour quelques clopinettes, le fidèle serviteur crut bon de préparer la jeune fille en lui faisant prendre des bains avant la rencontre royale, afin que ses effluves caprines ne portassent pas atteinte aux narines de sa majesté. Le roi, trouvant la belle si propre, s'emporta et hurla au serviteur peu prévenu que ses soins étaient un affront, comme de mettre sur une table une tranche de fromage sans croûte tout en sachant que la partie la plus savoureuse se trouve justement près de la croûte !

Je discutais aimablement de cette question avec un aristocratique majordome écossais, un soir de brouillard, dans un château des Sidlaw Hills, en attendant l'apparition du fantôme de la contrée. Or, ce magnifique « maire du palais » m'avoua que pour rien au monde il n'aurait présenté au cours d'un banquet des fromages dépourvus de leur protection naturelle. À condition, toutefois, que les croûtes, avant d'être servies, eussent été brossées et nettoyées de façon à présenter un aspect agréable. C'était la seule façon de les débarrasser de cette patine plébéienne qu'elles avaient acquise au contact de mains non proprement nobles. Il s'agissait là de l'avis tout à fait personnel de ce *maior domus* qui pensait encore en termes de classes sociales et croyait aux dynasties, au sang royal et aux castes. En tant que gourmet, toutefois, ses goûts coïncidaient avec les miens, qui n'étaient pas du tout aristocratiques. Mon interlocuteur était en effet persuadé que l'homme s'était définitivement distingué du singe lorsqu'il avait compris que la nourriture n'était pas faite seulement pour être mangée mais aussi pour être savourée. Or, pour déguster un aliment, il faut en étudier les meilleurs accompagnements, en découvrir les meilleurs morceaux, comme s'il s'agissait d'une source de plaisir plus que de subsistance.

Pour savourer pleinement un fromage, il faut donc connaître la meilleure façon de le couper. La coupe doit être parfaite, bien étudiée et exécutée avec l'instrument le plus adapté par une main solide et tout à fait sûre de son fait : c'est ainsi que le véritable rituel s'accomplit.

Un ami japonais, grand spécialiste des philosophies orientales les plus raffinées, après avoir été initié par moi aux secrets plaisirs de la dégustation du fromage et avoir longuement médité certains des textes fondamentaux des maîtres et des moines bouddhistes des IVe-Ve siècles av. J.-C., me dit en paraphrasant ces derniers : « La coupe doit être réfléchie comme un texte sacré, rapide comme l'éclair, nette comme le reflet de la montagne dans les eaux transparentes du lac, silencieuse comme le brouillard qui monte depuis la vallée, légère comme le battement d'ailes d'un papillon qui vient se poser sur une fleur fraîchement éclose. »

En transposant les mots de mon ami japonais, imprégnés de philosophie orientale, dans un langage rationaliste plus proche de notre culture occidentale, je pourrais affirmer que l'acte de couper est un acte complexe qui résulte – en termes de théorie de physique élémentaire – d'une contrainte de compression simple (principale) et d'une contrainte flexionnelle (secondaire). En effet, en appliquant à l'instrument tranchant (couteau) placé sur la surface à découper (fromage) une force perpendiculaire à la surface même, on exerce une pression p définie comme $p = N/A$, où N représente la valeur de la force appliquée et A la surface du fil du couteau.

Les contraintes flexionnelles secondaires résultent de la nature déformable du matériau.

En désignant par a la valeur de la tension de rupture du matériau, à savoir la valeur à laquelle se produit la rupture de la pâte du

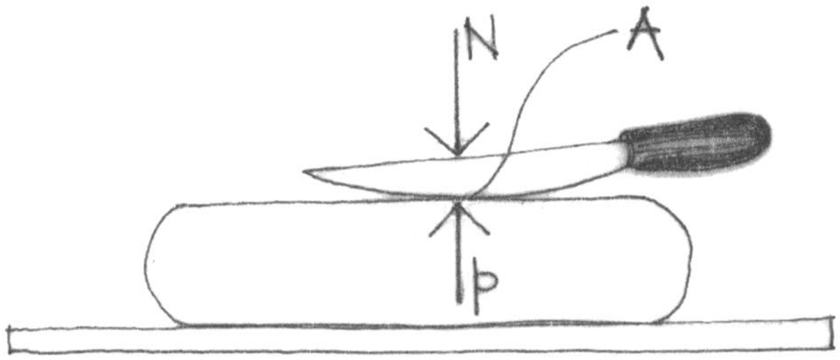

P : pression N : force exercée A : surface du fil de la lame

fromage, on peut dire que lorsque la valeur de *p* dépasse celle de *a*, le matériau (fromage) cède, laissant pénétrer l'instrument tranchant dans la pâte.

Cette opération est d'autant plus facile que le couteau est bien aiguisé : en effet, à égalité d'effort induit *N*, si la zone *A* tend vers zéro, la pression *p* tend vers l'infini ou mieux vers des valeurs très élevées, ce qui permet de dépasser plus facilement la valeur de *a*. Lorsque *p* finit par dépasser *a* et que le couteau pénètre dans la pâte fromagère, la situation se complique ultérieurement à cause d'un phénomène de frottement qui intéresse la surface latérale de la lame : il s'agit de l' « effet de coin ».

Si la pâte du fromage est molle, au fur et à mesure que la lame la pénètre, le frottement latéral devient supérieur à la résistance : il faudra donc augmenter *N* pour pouvoir achever la coupe.

Si, en revanche, la partie supérieure (croûte) est plus résistante que la zone interne, *N* ne devra pas augmenter en proportion de *p*, la friction latérale étant absorbée par l'excès de *p* que l'on aura été obligé d'exercer pour couper la croûte.

Si la pâte est sèche et dure, c'est l'effet de coin qui prévaut : une fois dépassée la tension de rupture *a*, la pression exercée par la partie latérale de la lame finit par fracturer la masse par une rupture fragile qui provoque la séparation immédiate de fragments ou éclats de fromage.

C'est la raison pour laquelle, en voyant un plateau de fromages sur lequel est posé l'horrible et fatidique couteau à dents de scie se terminant par un manche en faux os (lire « plastique »), je souffre en pensant au massacre et à la violence qu'a eu à subir la pâte du fromage lorsqu'elle a été pénétrée par toutes ces petites pointes.

Il n'y a rien de plus vulgaire et de plus triste qu'une part de fromage tailladée, dont la pâte a été écrasée et déchirée, et la croûte morcelée et mélangée à la pâte. L'acte de couper ne doit pas être un massacre, mais une action rapide et incisive, qui est le fruit d'une attitude déterminée, précise, unique et irréversible, comme la volonté de « couper les ponts » ou de « couper court ». L'acte de couper le fromage présuppose, donc, un comportement précis, sans louvoiements, et une parfaite connaissance du fromage que nous sommes en train de couper, ainsi que des instruments tranchants. Ces derniers doivent être choisis avec le plus grand soin, car le résultat doit être impeccable et définitif.

La part de fromage ainsi coupée doit être présentée à l'hôte, avec une fourchette ou en utilisant la partie la plus large de la lame du couteau : surtout, ne « harponnez » pas ce pauvre fromage comme si c'était la baleine blanche du capitaine Achab !

Je ne me lasserai jamais de répéter que l'acte de couper et d'offrir le fromage doit être un acte rituel et non pas un sacrifice sanglant. Le fromage n'est pas notre victime désignée ; ne le faisons pas souffrir outre mesure. Savourons-le tout simplement !

Des instruments pour la coupe

La lame, en acier trempé, doit être tranchante et parfaitement aiguisée, ses côtés, de part et d'autre, lisses et légèrement humides, son dos rigide et résistant de façon à empêcher toute flexion transversale. Elle doit être solidement fixée par des rivets en bronze à un manche de préférence en os ou en bois très résistant, sans nœuds. Le manche aura une poignée anatomique différente selon les types de fromage à couper.

Comme me l'ont fait remarquer plusieurs fois de grands maîtres couteliers, tout couteau est composé d'une lame, qui permet de couper, et d'un manche qui permet d'utiliser le couteau. Il s'agit là d'une symbiose qui s'est perfectionnée au cours des siècles et qui a donné lieu à toute une variété de formes et de solutions sans que sa structure formelle, simple et parfaite, ait eu à subir la moindre modification : des pointes en silice aux couteaux les plus sophistiqués destinés à des opérations spécifiques, cet instrument – le plus ancien que l'homme ait inventé – a accompagné, pas à pas, l'évolution de l'humanité, en marquant ses transformations et ses habitudes.

Pour que la coupe soit parfaite, il faut que le fil de la lame, sa forme et celle du manche soient savamment équilibrés. Sans vouloir trop m'aventurer sur le terrain de la coutellerie – un art complexe, dans lequel entrent, à la fois, en ligne de compte, le choix du métal brut et les plus modernes techniques de contrôle de la qualité – je voudrais rappeler ici quelques petits secrets qui m'ont été confiés autrefois par un maître coutelier.

Tout d'abord, le couteau n'est parfait que lorsqu'il y a un strict équilibre entre la lame et le manche : non seulement un équilibre statique, de poids, mais aussi de forme, de dimensions et de fonctions. Un manche trop encombrant ou une lame trop fine ne permettent pas d'utiliser le couteau correctement. Pour remplir chacune des fonctions spécifiques auxquelles il est destiné, le

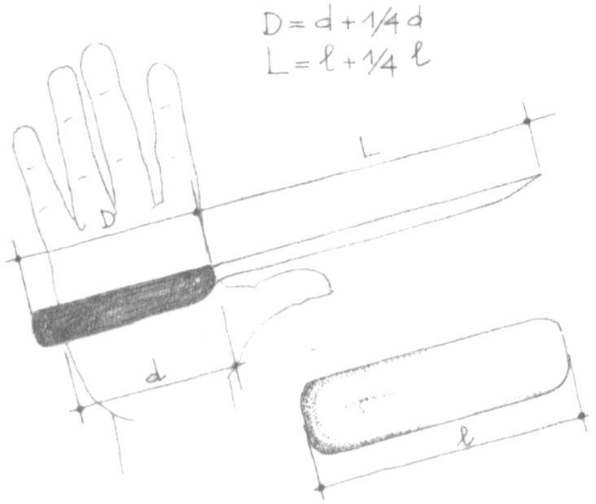

D : longueur du manche
d : largeur de la paume de la main
L : longueur de la lame
l : largeur du plan de coupe

couteau doit être structuré de façon à ce que les deux parties dont il se compose fonctionnent en parfaite harmonie. Si, pour accomplir une certaine opération, il faut que la pression s'exerce sur le manche, l'instrument tranchant doit être conçu de façon à ce que ce dernier puisse absorber seul la pression, permettant ainsi à la lame d'effectuer l'incision.

Dans d'autres cas, le manche doit servir d'amortisseur, ou alors c'est la lame qui doit subir une compression tandis que le manche doit en contrebalancer la tension. Un couteau est vraiment parfait lorsqu'il satisfait à tous les critères qui font de lui une véritable œuvre d'art.

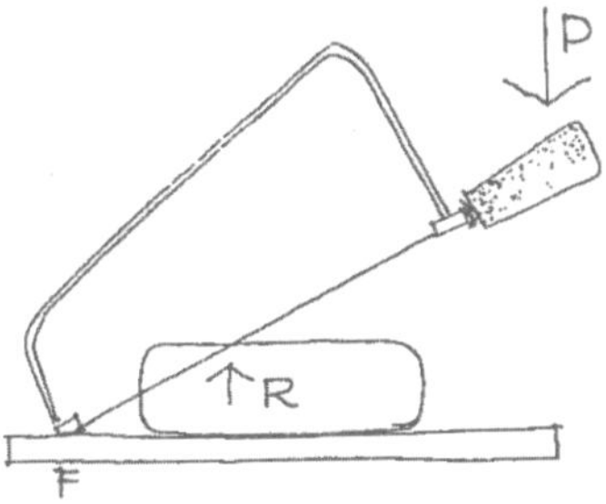

La coupe au fil d'acier ou boyaux, pour fromages à pâte très délicate.

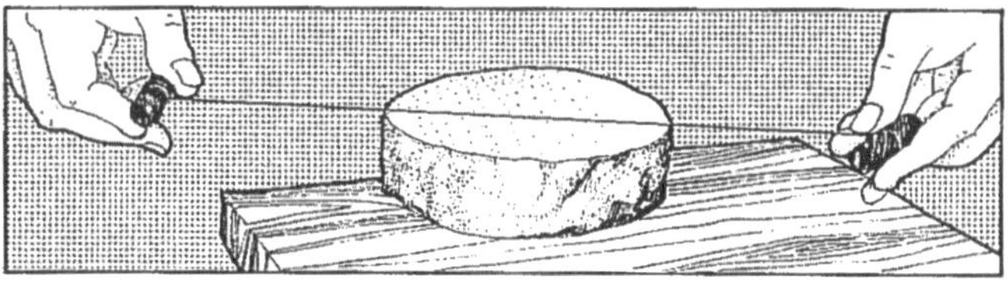

« De même que le Parthénon – disait mon maître coutelier – est la plus grande expression de la perfection ici-bas, car, en incarnant les règles de la géométrie euclidienne, il atteint la pureté absolue des formes, un couteau est parfait lorsque les dimensions du manche sont légèrement supérieures à la largeur de la paume de la main de son utilisateur – disons d'une mesure égale à un quart de la largeur. La main devra dépasser, à son tour, d'une mesure équivalente la partie à couper. »

Un autre canon fondamental est la manière de saisir le manche. La personne qui coupe doit avoir la main ferme et c'est justement le manche – dont le modèle doit varier selon la fonction à laquelle le couteau est destiné – qui doit lui conférer cette sensation de fermeté.

Le secret de l'épée de Roland résidait plus dans la forme de sa poignée – qui s'adaptait parfaitement à la main puissante du prince carolingien, en formant une sorte de tout avec son bras – que dans la lame qui, selon la légende, avait été forgée par des forces surnaturelles. Le manche du couteau doit adhérer parfaitement au creux de la main, de façon à ce que le maître de coupe ait l'impression d'accomplir l'opération avec sa propre main et non pas avec un instrument. Il s'agit d'une symbiose tout à fait unique qui procure à celui qui coupe une satisfaction autre que purement tactile.

C'est la raison pour laquelle les vrais maîtres du couper doivent savoir choisir leur instrument comme le ferait un artisan consciencieux. Ce n'est pas une manifestation de snobisme que de varier les instruments selon leur fonction, mais une façon de montrer sa compétence, grâce à laquelle l'acte est parfait et le plaisir total.

Il existe essentiellement trois instruments pour couper le fromage à table, auxquels s'ajoute un quatrième type destiné exclusivement à couper le parmesan et dont je parlerai plus loin.

L'instrument dont l'effet est le plus proche de l'effet théorique provoqué par la contrainte simple de résection est le fil d'acier ou de boyau dont on fixe les extrémités à l'aide de deux petites chevilles en bois et qui provoque la séparation de la matière en deux surfaces distinctes.

En pénétrant dans la pâte, le fil tendu – qui représente la composante de la force de séparation p – la coupe. Dans ce cas, l'effet de frottement est pratiquement nul ou proche de zéro, la tension du fil étant réduite au minimum.

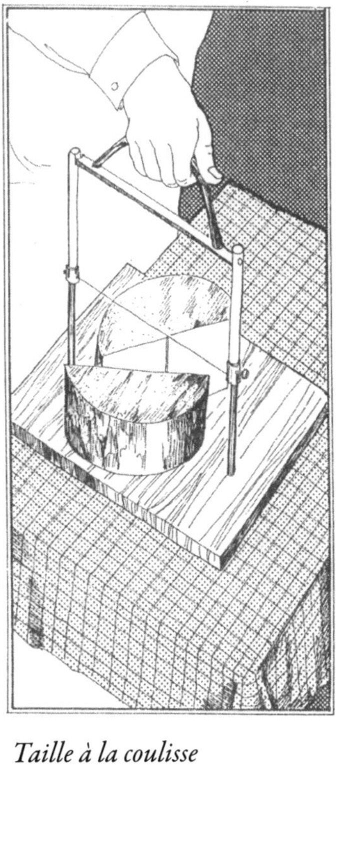

Taille à la coulisse

Ce type d'instrument est particulièrement adapté pour couper des fromages à pâte très molle qui, tranchés avec un couteau normal, pourraient coller à la lame en s'effilochant et en donnant à la partie coupée un aspect non homogène.

Il existe d'autres formes plus élaborées de fils à couper le fromage, entre autres celle dite *à coulisse*, où le fil tendu glisse sur deux coulisses. Dans ce cas, la pression est exercée sur un manche qui est relié aux deux extrémités du fil. Cette méthode spécifique s'applique aussi lorsque la croûte est résistante. Dans les fromageries, on utilise à cet effet un dispositif mécanique spécial doté de fils d'acier spécialement conçus, capable d'exercer une force de pénétration considérable. Un autre système consiste en un fil relié à un arc dont l'une des extrémités est fixée au plan d'appui et l'autre à un manche sur lequel on exerce la pression.

Pour les pâtes à consistance moyenne, relativement peu compactes, qui opposent à la coupe une résistance modérée, il faut utiliser un couteau avec une lame au dos très étroit afin d'éviter le plus possible l'effet de frottement. Cet instrument tranchant ressemble davantage à un sabre qu'à un cimeterre ; il est muni d'une pointe très aiguisée et sa section, de forme triangulaire, devient rectangulaire et de plus en plus mince au fur et à mesure qu'elle approche de la pointe.

C'est la lame, dans son intégralité, qui coupe la matière, exclusivement guidée dans cette action par la pression que la main exerce sur le manche et qui se répartit uniformément sur toute la surface de la lame. Exceptionnellement, le maître de coupe pourra placer – plus par coquetterie que par nécessité – l'index de l'autre main sur la pointe du couteau pour mieux diriger son action, mais sans exercer une plus forte pression sur la pâte du fromage.

En revanche, lorsqu'il s'agit de couper des fromages à pâte compacte, il convient d'utiliser un couteau un peu particulier ayant un dos suffisamment rigide pour pouvoir résister aux efforts transversaux sans se plier de façon perpendiculaire.

La pression devant s'exercer uniformément sur toute la lame du couteau, sa section sera cunéiforme vers la pointe pour devenir ensuite rectangulaire dans la partie la plus proche du manche. De cette façon, la surface à découper subira une incision uniforme, nette et sans bavure. La pression sera exercée des deux mains, la droite étant placée sur le manche – dont la poignée sera compacte et solide – et la gauche sur l'extrémité de la lame. Le maître de coupe saura équilibrer les forces de façon à ce que leur intensité se distribue uniformément, aussi bien sur la pointe que sur le manche, et que, par conséquent, la pression se répartisse de manière égale sur la partie de la lame destinée à la coupe.

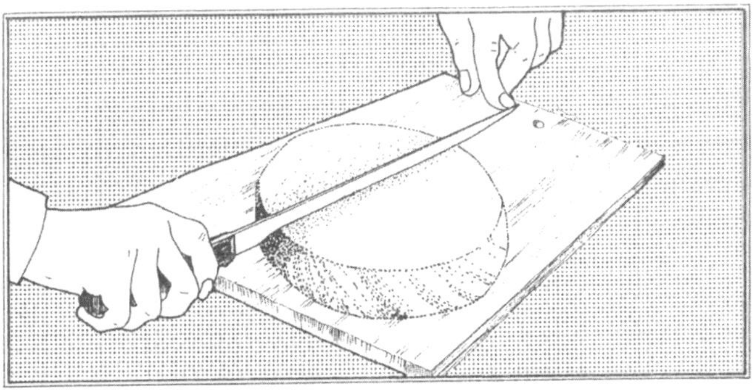

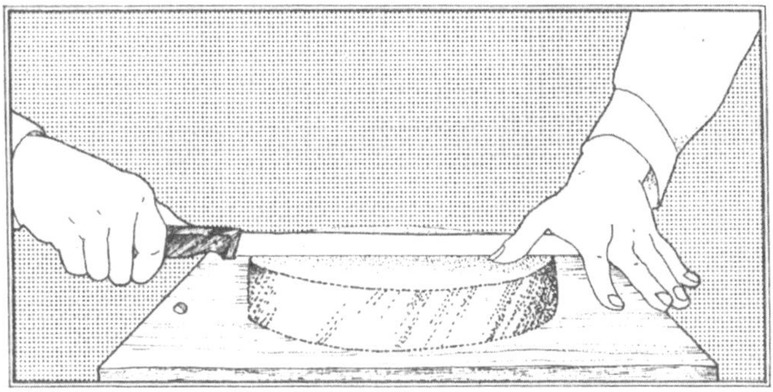

L'index appuyé sur la pointe de la lame facilite l'action de la coupe. Avec les pâtes compactes, il convient d'appuyer la paume de la main gauche sur la lame.

En procédant de cette façon, les deux surfaces résultant de la séparation de la pâte seront parfaitement lisses, sans ces horribles découpures qui sont dues à des pressions non uniformes ou bien à une pression constante exercée sans tenir compte du fait que la pâte est parfois plus consistante près de la croûte.

Parfois, dans les restaurants raffinés et dignes de ce nom, on utilise pour couper des fromages à pâte compacte ou des formes de grandes dimensions une lame dite *à herse* : il s'agit d'un couteau spécial, doté d'un manche à chaque extrémité et d'une lame rectangulaire aiguisée sur toute sa longueur. En exerçant sur les deux manches une pression perpendiculaire au plan d'appui, on obtient la part de fromage voulue. Pour le gruyère, on peut également se servir de couteaux spécifiques, à lame trapézoïdale, munis d'un manche en forme d'anse. Bien que ces instruments soient le plus souvent utilisés dans les magasins ou les restaurants, il en existe également des versions domestiques, dotées de lames trapézoïdales ou semi-trapézoïdales de dimensions plus modestes et de manches d'un seul tenant. La lame large pourra être également utilisée pour présenter le fromage aux invités.

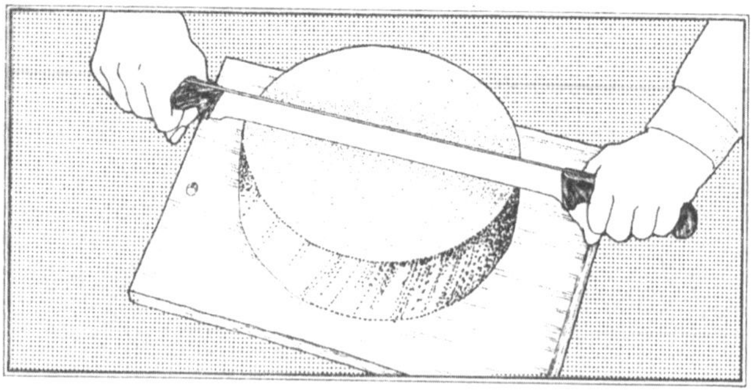

Lame à double manche utilisée avec les fromages à pâte compacte et ceux de grandes dimensions

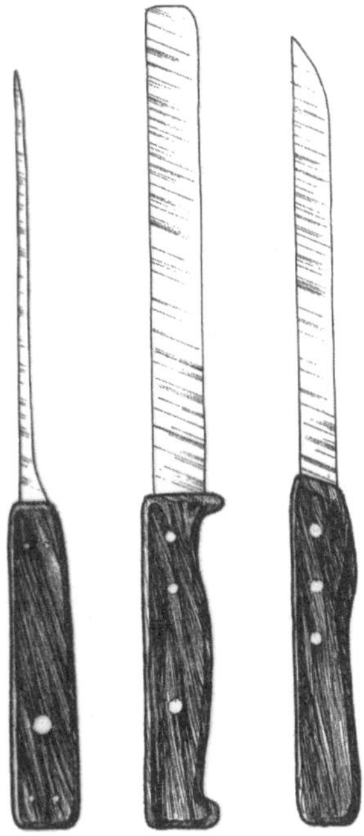

Couteaux utilisés pour la taille de pâtes molles, semi-dures et dures

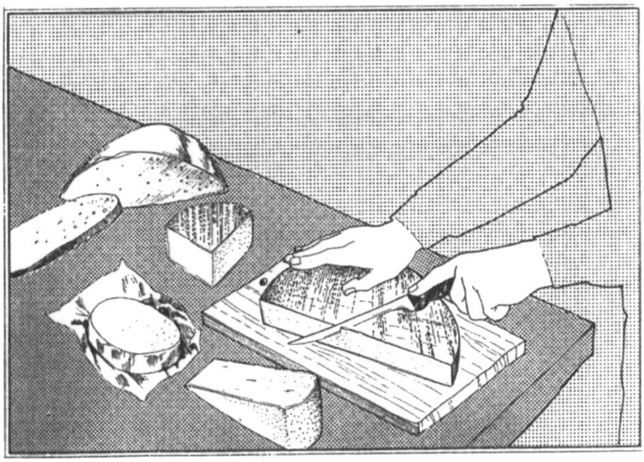

Taille du fromage à pâte molle

Pour l'emmenthal, on peut utiliser un couteau à lame trapézoïdale avec une poignée.

Personnellement, je trouve que les couteaux munis d'une lame surbaissée par rapport au manche – très en vogue auprès de la nouvelle génération de jeunes maîtres de maison « branchés » – ont quelque chose de frivole qui ne convient pas à un authentique gourmet. Ceci dit, ce type de couteau présente l'avantage – grâce aux motifs gravés sur la lame à l'aide des plus modernes technologies – d'empêcher la pâte du fromage de coller au dos de la lame. En outre, la forme de la poignée, surélevée par rapport au plan de coupe, facilite la tâche du maître de maison le moins expérimenté, qui pourrait avoir quelques difficultés pour mener à bien l'opération. En effet, ce type de manche permet d'exercer de façon plus efficace la pression finale en garantissant ainsi une coupe parfaite.

Grâce à ces instruments tranchants, qui sont le fruit des progrès de la technologie, on peut obtenir de bons résultats même lorsqu'on n'est pas très habile : de même que les appareils photos entièrement automatiques permettent à n'importe qui de faire une belle photo.

Au fil du temps, les techniques de coupe et les instruments adéquats ont subi des évolutions et des modifications, grâce à l'expérience et à la connaissance des produits. Nul besoin d'avoir des acquis spécifiques en ergonomie ou des savoirs sur l'esthétique et la forme ; nul besoin non plus du support de grands designers ou de superstars pour fabriquer des objets de coupe adaptés aux différentes pâtes de fromage. Les fromagers, les affineurs et les artisans de ce bel art inventèrent des moyens et des formes afin de mieux faire apprécier les caractéristiques de leur travail et de leurs créations.

L'exemple le plus probant de ce lent travail séculaire est l'ancienne méthode utilisée pour sécher le parmesan. Malheureusement, actuellement, pour des raisons purement matérielles de marketing et donc de gains, cette méthode est confiée à la technologie moderne, dont le but est d'éliminer le plus possible les déchets, allant ainsi à l'encontre de l'agrément du produit.

Ce fromage merveilleux, fabriqué à base de lait de vaches locales alimentées uniquement de fourrages frais, sans additifs, est affiné pendant au moins douze à vingt-quatre mois. Il est coupé selon un processus sacrosaint. Bien que celui-ci ait subi des modifications importantes par rapport aux décennies précédentes, il implique une série d'actions nécessitant un grand professionnalisme. Les meules sont désormais plus grandes, elles ne sont pas conservées en appliquant de la fumée noire et de l'huile sur leur croûte, mais la coupe est restée originale.

La première opération consiste en une incision de la croûte le long des faces et du talon, à l'aide d'un couteau court à crochet. Ensuite, dans l'entaille effectuée, il faut insérer latéralement, entre le talon et la face supérieure, des couteaux à parmesan en forme d'amande. Un autre couteau, long et dont la lame présente un bout carré, est alors inséré dans l'entaille de la face plane. Puis il faut exercer des pressions délicates et soignées, dans le but de fendre la meule, jusqu'à ce que celle-ci s'ouvre en deux parties symétriques.

Une autre tradition, devenue hélas désuète, concerne la coupe, ou plutôt le « creusement » du légendaire fromage à pâte persillée de Stilton, à l'incomparable goût prononcé, provenant des comtés

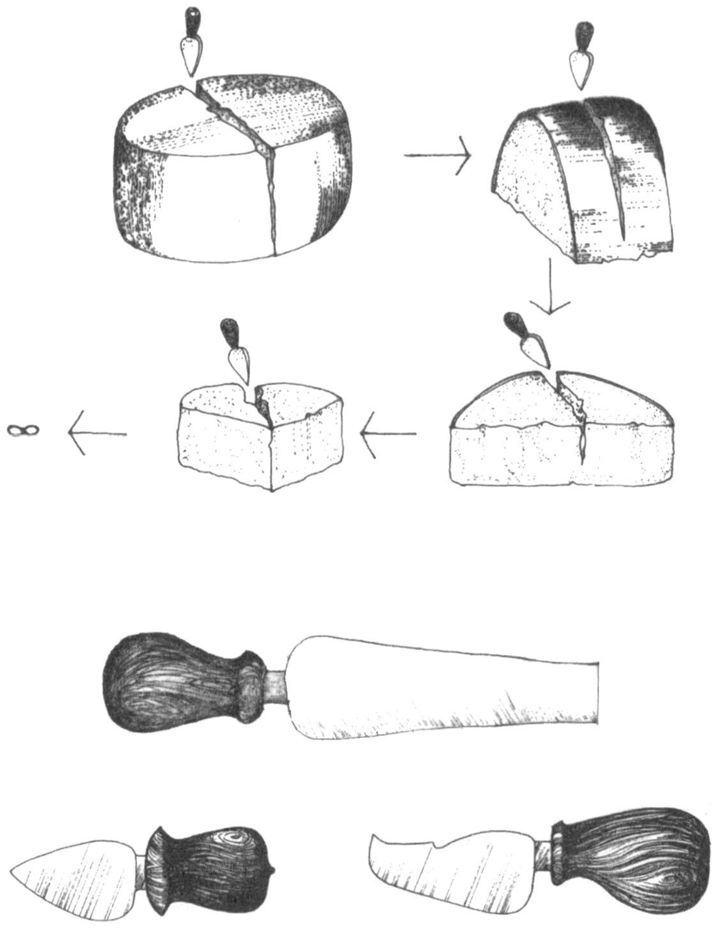

Étapes de la coupe d'une meule de parmesan et différents couteaux possibles pour cette coupe

britanniques. Il se présente en meules cylindriques allongées, au talon très élevé. Jadis grands gourmets épicuriens qui appréciaient le goût, les « lords » barons hédonistes, amateurs de bonne chère, dégustaient cette merveille fromagère en l'entaillant à l'aide d'un couteau prévu à cet effet, qui ressemblait à un cure-pipe ou à une gouge à bois. La meule était placée dans des pots à pharmacie décorés, puis on entaillait la croûte supérieure. Plongeant alors le couteau dans la pâte, on en retirait des cuillérées relativement petites, à savourer en suivant un rituel presque liturgique, afin de distinguer toutes les nuances du fromage. Ce processus si aristocratique, d'une élégance certes un peu snob, imposait qu'une fois l'opération gustative terminée, il était de bon ton d'étaler sur le fromage quelques gouttes de porto, afin de conserver le produit et d'en bloquer la fermentation. Ceci modifiait et revigorait le goût original du fromage, parfois à l'excès. En outre, on perdait ainsi beaucoup de pâte, surtout celle qui restait accrochée aux parois latérales du vase, mais c'était sans importance !

Lorsque ce fromage devint plus populaire, les producteurs – afin de limiter les déchets et de permettre la vente au détail à travers une coupe de la meule en portions, pour davantage de gains – imposèrent l'actuelle méthode de coupe. Il s'agit d'une coupe de la meule de haut en bas, afin d'obtenir des quartiers ou des demi-cylindres : pour une dégustation plus démocratique, s'adressant aussi bien aux nobles qu'aux hommes du peuple, pourvu qu'ils soient gourmets !

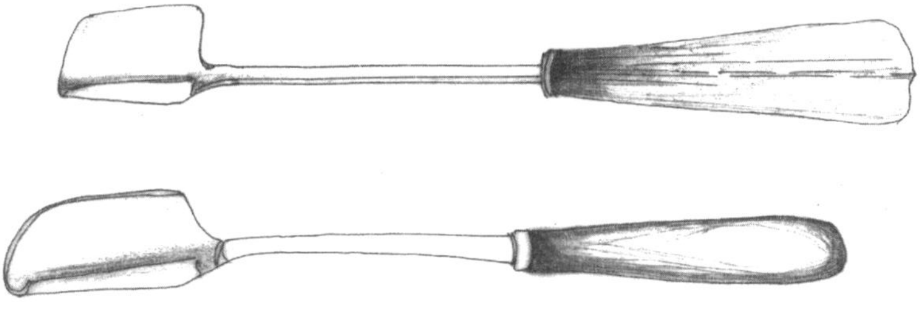

Antiques couteaux pour le stilton

D'autres types de couteaux furent forgés pour couper les meules particulières de grandes dimensions. Il fallait que les lames, en plus d'être robustes, pussent transférer leur action de coupe de façon uniforme sur toute la croûte puis sur la pâte du fromage, équilibrant ainsi la force de pression du fromager sur toute la longueur de la lame. C'est ainsi que furent créés des couteaux à double manche, pour permettre justement d'équilibrer la force nécessaire afin de parfaire la coupe sur l'ensemble de la pâte. Cette opération était effectivement difficile, voire impossible, avec un couteau à manche unique, parce que la pression ne pouvait pas être appliquée de façon uniforme sur toute la lame.

Pour les meules de grandes dimensions, d'un diamètre de plus de trente ou trente-cinq centimètres, on utilise ce type de couteau dans les magasins. Les coupes sont toutefois différentes selon le type de fromage.

La fontine d'Aoste, remarquable et noble fromage fabriqué à base de lait cru de vache d'une seule traite, présente une saveur délicate, légèrement pâteuse, et un arrière-goût un peu amer, tandis que sa pâte présente des petits trous. La fontine se présente en meules d'un diamètre allant de trente-cinq à quarante-cinq centimètres. La coupe se fait en posant le couteau à deux manches sur la face supérieure, et la pression est effectuée perpendiculairement au plan d'appui. On utilise le même système pour l'*asiago*, légendaire fromage du Trentin, et pour le *bergkäse*, regroupant des fromages alpins à base de lait de vache, aux saveurs typiquement fortes et pâteuses.

Le beaufort, quant à lui, est un fromage produit à partir de lait de vache de la race Tarine en Savoie ; sa saveur est beurrée et présente des nuances parfumées aux herbes. Les meules ont un diamètre de plus de soixante-dix centimètres et un talon légèrement concave. La coupe ne peut donc pas être effectuée comme pour la fontine, car les dimensions imposent une lame plus spécifique. Le fromage est alors appuyé du côté du talon, sur une planche à découper spéciale, un peu concave afin de mieux accueillir la meule, et la coupe se fait perpendiculairement à la face, jusqu'à la moitié de la meule. Ensuite, on la tourne, et on effectue une seconde coupe qui va rejoindre la précédente : on assiste donc à une coupe caractéristique en zigzag. Le couteau utilisé, similaire à celui dont on se sert pour la fontine, possède une lame légèrement plus longue et légèrement plus basse, appelée *guillotine*.

L'emmenthal, le fameux « fromage à trous », à cause de ses dimensions industrielles d'environ cent centimètres de diamètre, est coupé de la même manière que le beaufort, tandis qu'à table, on utilise un couteau à lame trapézoïdale possédant une poignée sur le haut, afin de faciliter l'opération : le coupeur peut ainsi utiliser la force de son poids. La lame coupe parfaitement la pâte, sans altérer l'aspect du fromage, tout en tranchant également la croûte, qui est beaucoup plus dure et compacte que la pâte.

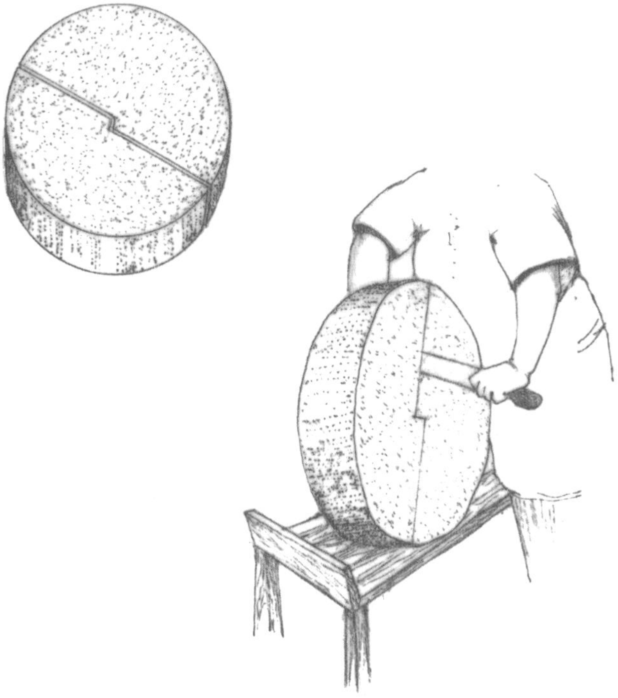

Exemples caractéristiques de guillotine et fontine

Le fromager aguerri a choisi, au fil du temps, autant d'outils de coupe qu'il y a de fromages. Prenons le cas du gouda extra-vieux, le fameux *boeren goudse oplegkass*, fromage de ferme produit à partir du lait des vaches Frisonnes Holstein, dans la région située entre Amsterdam et Utrecht. Il est coupé à l'aide d'un couteau très particulier qui facilite la séparation nette sans abîmer la pâte. Sa lame légèrement courbée comporte deux poignées en bois aux extrémités, l'une placée parallèlement au dos de la lame, et l'autre perpendiculairement à la lame. La poignée parallèle à la lame permet d'établir un point d'équilibre, tandis que l'autre, avec sa forme particulière, permet à la main d'exercer tout son poids, facilitant ainsi le processus de coupe.

S'il existe un fromage qui doit sa réputation à l'invention d'une coupe particulière, c'est bien le tête de moine, un modeste fromage antique originaire de Suisse, à pâte mi-dure, fabriqué à base de lait de vache. Ce fromage doit sa fortune au fait qu'un fin inventeur, ayant flairé ses propriétés cachées, créa la *girolle*, ustensile composé d'un racloir tournant grâce à une manivelle. Ainsi, en raclant légèrement la pâte, on obtient les rosettes, ou pétales, fines lamelles exaltant la délicatesse de ce produit qui est enfin devenu un grand succès, commercial notamment.

Nicolas Crevoisier, l'inventeur de ladite girolle, devait sans doute connaître l'ancienne pratique de racler les meules de fromage *grana*, utilisée dans la plaine du Pô. On raconte que dans les couvents bénédictins du Moyen Âge, il était usuel de racler les parties abîmées des meules de ce fromage, de façon à en récupérer les morceaux imparfaits. Les bons moines pieux et généreux donnaient alors ces fines lamelles de pâte à leurs serviteurs, en échange du travail fourni ! Une façon comme une autre d'économiser et de chouchouter les caisses des couvents, au nom de la charité chrétienne ! L'ustensile utilisé encore aujourd'hui, mais sur des meules parfaites et tout à fait bonnes, est une lame d'acier très aiguisée, montée sur une poignée en bois. À l'aide de petits mouvements rotatoires, le fromager détache de la pâte des boucles,

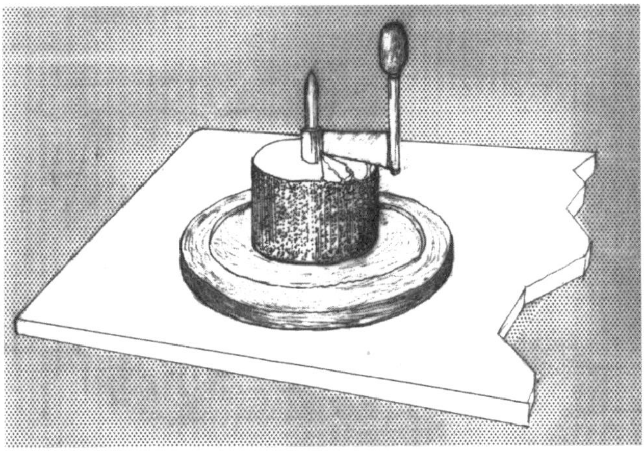

des copeaux très fins, qui exaltent encore plus la douceur et la saveur de ce merveilleux fromage.

C'est le même système, de façon un peu différente, qui était utilisé dans les vallées pauvres des Alpes du Nord-Ouest : on raclait différents fromages, des tranches de tommes extra-vieilles ou des restes durs de fromages de chèvre, afin de donner plus de goût aux modestes soupes d'antan. Redécouvert aujourd'hui comme élément traditionnel des plats typiques oubliés, on utilise ce système par exemple avec des fromages à pâte devenue dure, comme les fromages de chèvre du val d'Ossola ou les vieilles tranches de *bettelmat*. L'ustensile ressemble à un rabot de menuisier retourné et appuyé sur un plan de travail. Le fromager passe la tranche sur la lame et rabote le fromage, dont les résidus sont recueillis dans un récipient placé sous le support de l'outil.

L'art de raboter les pâtes de fromage semble connu dans le monde entier. Sur les froides terres norvégiennes, le caractéristique *geitost* – qui, entre nous, n'est pas vraiment un fromage, puisqu'il est le produit d'une réduction de petit-lait qui devient une pâte caramélisée typiquement brune et intense – est savouré après avoir été raboté à l'aide d'un rabot à fromage qui ressemble à une râpe à truffe. Cet outil présente des stries particulières, de façon à ce que les copeaux présentent un aspect effiloché. Ce type de fromage se déguste étalé sur du pain noir grillé, et il est très apprécié par les gourmets, à cause de son goût doux et particulier. Il serait possible de citer de nombreux autres types de couteaux, mais je laisse au lecteur le soin de les découvrir. Ce sur quoi je souhaite faire réfléchir, c'est qu'on peut penser ce qu'on veut, mais s'il existe autant de façons de couper le fromage qu'il y a de couteaux spéciaux, cela a sans doute un sens. Effectivement, il est vrai qu'on peut utiliser les instruments les plus variés pour couper un morceau de fromage, mais il est également vrai qu'en faisant ainsi, on peut abîmer des meules et se priver des nuances infinies qu'une pâte fromagère peut nous offrir.

Pour couper une part de *pecorino sardo* affiné, merveilleux fromage de lait de vache à pâte dure et friable et aux saveurs relevées, les bergers de ces territoires utilisaient et utilisent encore aujourd'hui un couteau légèrement courbé, pliant, avec une lame en forme de quartier d'orange. Les bergers utilisent cet outil (la *pattada*) pour toutes leurs activités, il devient ainsi une partie d'eux-mêmes, un peu comme les habitants de Laguiole (sur l'Aubrac), qui coupent leur légendaire fromage du même nom à l'aide du fameux couteau à cran d'arrêt, appelé lui aussi laguiole !

L'art de couper le fromage, encore une fois, ne s'exerce pas seulement chez le fromager, mais également à table, en présence des hôtes. Il est de bon ton de présenter aux hôtes un gros copeau de parmesan, et de les inviter à utiliser l'ustensile adéquat pour s'octroyer un petit copeau de ce fromage qui, rappelons-le, ne se coupe pas, mais se casse, ou se sculpte. Rien de plus gentil que d'offrir à ses hôtes une portion de galette des monts du Lyonnais, emballée dans sa boîte en bois : ils savoureront cet excellent fromage en

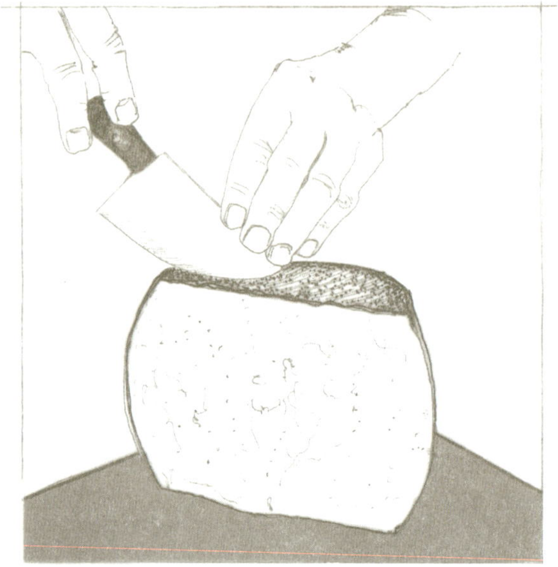

Pour les fromages à pâte friable, on peut utiliser un couteau avec une lame en forme de quartier d'ellipse

le ramassant avec une spatule ou une cuillère. Un rite hédoniste digne d'un fin gourmet, mais aussi un signe tangible d'un véritable *dominus domus* !

En conclusion, le choix des couteaux est absolument fondamental. Tout maître de maison qui aspire à être un véritable gourmet devra posséder, outre un nécessaire de couteaux pour couper les rôtis ou les charcuteries, un ensemble de couteaux pour la dégustation des fromages ainsi qu'une planche à découper adéquate. Notre homme disposera, donc, au moins d'un couteau différent pour chaque type de pâte fromagère et fournira à chacun de ses invités les couteaux nécessaires à cet effet : cela pourrait consister, tout simplement, en une parure de petits couteaux bien aiguisés, au dos résistant et de dimensions légèrement inférieures aux couteaux de service.

Le maître de maison devrait se montrer aussi jaloux de ses couteaux que l'homme arabe de son cheval – il est bien connu que celui-ci préférerait prêter sa femme que son destrier. J'ai rencontré des cuisiniers, des coupeurs ou des barbiers qui ne se séparaient jamais de leurs instruments de peur de les perdre ou, pire, de les voir utiliser de façon maladroite. On sait d'ailleurs, de source sûre, qu'anciennement les « maîtres du couper » ou les maîtres de palais enfermaient leurs instruments personnels les plus précieux dans de petits coffres qui étaient, en réalité, de véritables coffres-forts : personne n'avait le droit d'y toucher ou de les utiliser sans leur autorisation explicite qui n'était, bien entendu, presque jamais accordée. C'est la raison pour laquelle je recommande vivement aux lecteurs de conserver les couteaux à fromage à la cuisine, dans un endroit spécifiquement prévu à cet effet, avec les autres couteaux mais non pas en contact direct avec eux ; de les destiner exclusivement et sans exception à l'usage pour lequel ils ont été fabriqués ; et de les entretenir régulièrement pour qu'ils soient toujours en parfait état.

Il faudra les nettoyer soigneusement après chaque usage et ne pas les oublier dans un coin, car la corrosion provoquée par les résidus alimentaires peut attaquer la lame – rendant le fil moins aiguisé – ainsi que le bois, jusque dans les interstices du manche. Après chaque utilisation, les lames devront être lavées avec des produits non oxydants, le meilleur étant le bon vieux savon neutre. Les liquides ou les poudres abrasifs dont on vante tant les vertus peuvent se révéler nocifs. Pour les lames forgées, je recommande la méthode utilisée par ma grand-mère, à savoir un mélange de ponce très fine et de vinaigre. Après ce traitement, pour que les lames récupèrent tout leur éclat, il faudra bien les rincer à l'eau tiède et les laver ensuite avec du savon neutre.

De même qu'il est très important de bien laver les couteaux et de le faire tout de suite après usage pour éviter les mauvaises odeurs qui peuvent imprégner la lame et le couteau, il est aussi essentiel de bien les essuyer. Là encore, il faut agir vite pour éviter l'oxydation des lames ou la pourriture du bois. Je conseille toujours d'utiliser des torchons en coton rêche ou en grosse toile de chanvre même si,

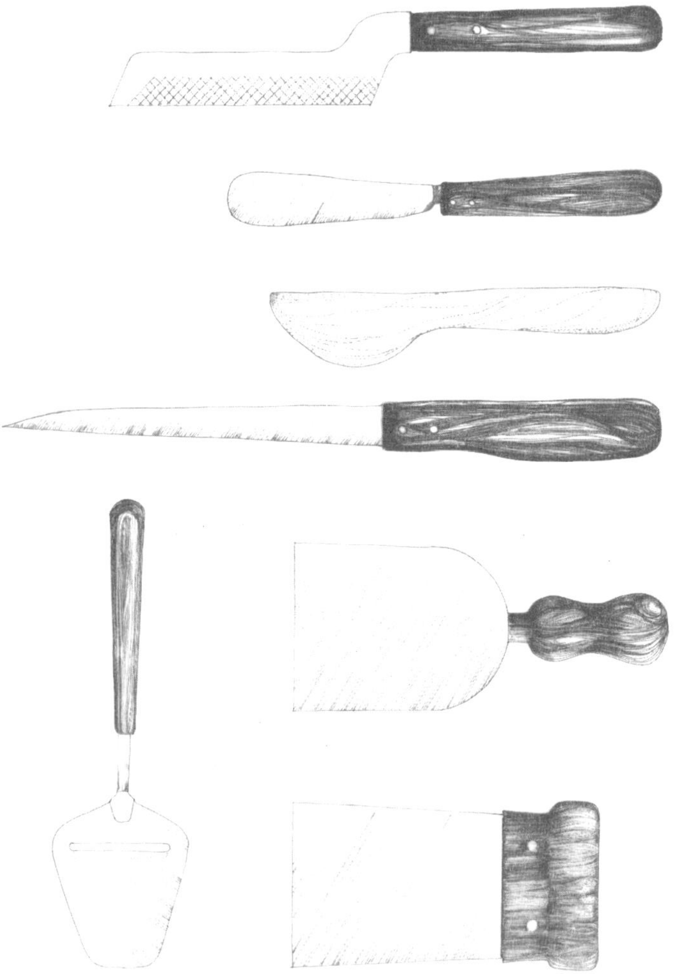

De haut en bas : couteau à lame striée et manche rehaussé, ustensiles pour pâtes molles et lames larges pour emmenthal (à gauche spatule avec fente pour « effeuiller » le fromage).

j'en conviens, il est de plus en plus difficile d'en trouver. À défaut, un bon torchon en toile fera l'affaire.

Une fois lavés et essuyés, les couteaux devront être placés en lieu sûr : il faudra éviter que les lames entrent en contact les unes avec les autres pour qu'elles restent toujours bien aiguisées. Je suggère un bon tiroir avec des séparations en bois, ou bien un étui en cuir ou encore un morceau de tissu résistant fermé par des liens. Lorsqu'on prévoit de ne pas utiliser les couteaux pendant un certain temps, il convient d'envelopper les lames dans du papier huilé après les avoir également enduites d'huile.

Le maître de maison aura le soin de vérifier périodiquement l'affilage des lames, qui doit être toujours impeccable. On peut toujours s'amuser à les aiguiser soi-même avec des affiloirs, d'étranges meules à roulettes ou des engins à base de pierres abrasives mais, personnellement, j'estime que rien ne vaut un couteau parfaitement affûté par un rémouleur professionnel.

De la façon de couper les fromages en fonction de leur forme

Une fois que l'on a appris à connaître les différents types de couteaux à utiliser en fonction de la consistance du fromage à découper, on doit, ensuite, savoir exécuter la coupe à la perfection, selon des règles bien précises.

Je ne suis pas du tout d'accord avec certains experts qui affirment, de façon un peu simpliste, que « savoir couper veut dire savoir distribuer équitablement les parts sans compromettre la qualité du fromage qui reste ». Car tous les fromages n'ont pas la même forme et tous n'ont pas le même goût partout. Certaines pâtes ont une croûte très épaisse, non comestible, tandis que d'autres ne sont recouvertes que d'une fine pellicule de penicilliums superposés qui se développe pendant la maturation du produit et qui est très agréable à savourer, n'en déplaise au célèbre Pierre Androuet !

Il y a des fromages qui sont plus savoureux près de la croûte, parce que la période de maturation est plus longue, et certains amateurs préfèrent justement cette partie de la pâte à celle située au centre de la forme. Le type de coupe doit être différent selon la forme du fromage. Voilà donc pourquoi chaque fromage et chaque forme de fromage demandent un type de coupe spécifique.

Au bout de longues études et après avoir consulté une multitude de textes, je suis arrivé à la conclusion, peut-être par une sorte de déformation professionnelle, que le point de départ pour bien choisir le type de coupe à exécuter est avant tout la forme du fromage, les autres critères étant la consistance de la pâte et les propriétés organoleptiques du fromage.

La quasi-totalité des formes de fromage s'inscrivant dans la catégorie des solides de rotation, il faut avoir une petite connaissance des règles de la géométrie des plans et des axes de génération qui concernent ces solides. Il y a une certaine différence, en effet, entre la façon dont on coupe en parties égales ou proportionnellement équivalentes un dodécaèdre et celle dont on sectionne un tronc de cône droit. Une surface ronde est générée par la rotation à 360° qu'effectuent une courbe ou un segment de courbe autour d'une ligne droite fixe, dite *axe de rotation*.

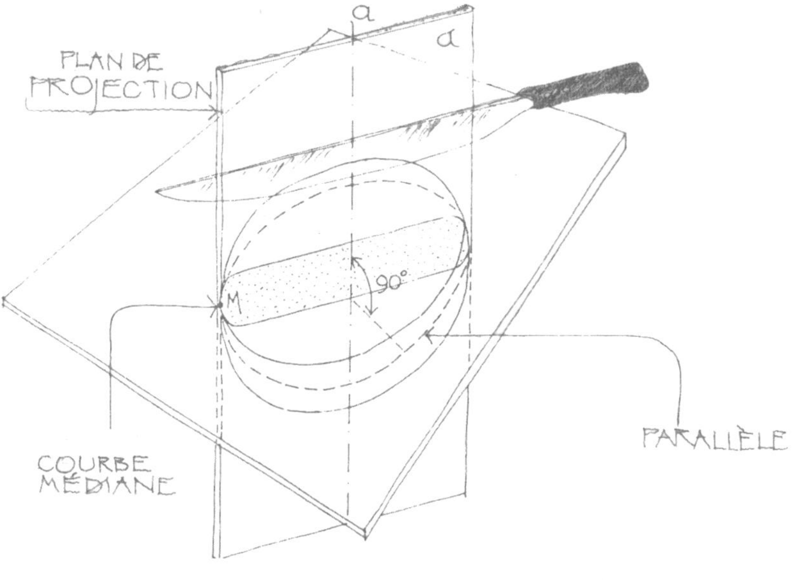

Les formes de fromages correspondent en général à des solides générés par la rotation d'un segment de courbe.

Grâce à ce mouvement, tout point de la courbe décrit un cercle, dit *parallèle*, dont le centre correspond à l'intersection du plan du cercle avec l'axe de rotation auquel il est normal.

En coupant ces plans par des courbes méridiennes, c'est-à-dire par des intersections de la surface de rotation perpendiculaires au plan de rotation, on obtient des surfaces proportionnelles à la part restante.

Les formes de fromage correspondant, en général, à des solides générés par la rotation d'une portion de courbe plus ou moins accentuée autour d'un axe normal à celle-ci, le type de coupe le plus habituel prévoit des plans sécants passant par l'axe de rotation et perpendiculaires au parallèle principal. On obtient ainsi des parts ou des quartiers de taille toujours égale.

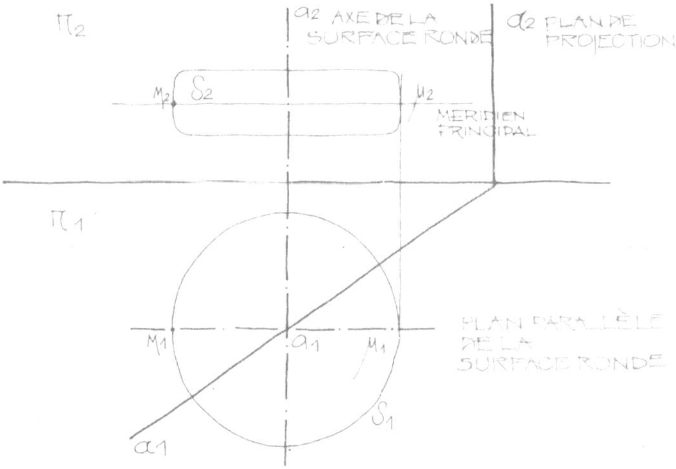

Projection orthogonale de la coupe

Ceci dit, tout en tenant compte des principes de la proportion et de la symétrie des axes et des plans, il ne faut jamais oublier le plaisir du palais et, si possible, il faut essayer de l'exalter encore plus en coupant le fromage de façon impeccable et appropriée, et en gardant la juste proportion entre croûte et pâte.

En général, le maître de maison présente sur le plateau un nombre de parts de fromage proportionnel à celui des convives. On y trouve donc rarement des formes entières de beaufort ou de tomme, mais plutôt un demi reblochon, une part de morbier, un crottin de Chavignol entier et ainsi de suite. Par conséquent, le maître de maison devra utiliser uniquement des morceaux de fromage de dimensions proportionnelles au nombre de parts à répartir entre les invités. En particulier, il devra harmoniser le type de coupe aux goûts de ses invités, aussi bien en ce qui concerne l'aspect géométrique et formel que les propriétés intrinsèques du fromage.

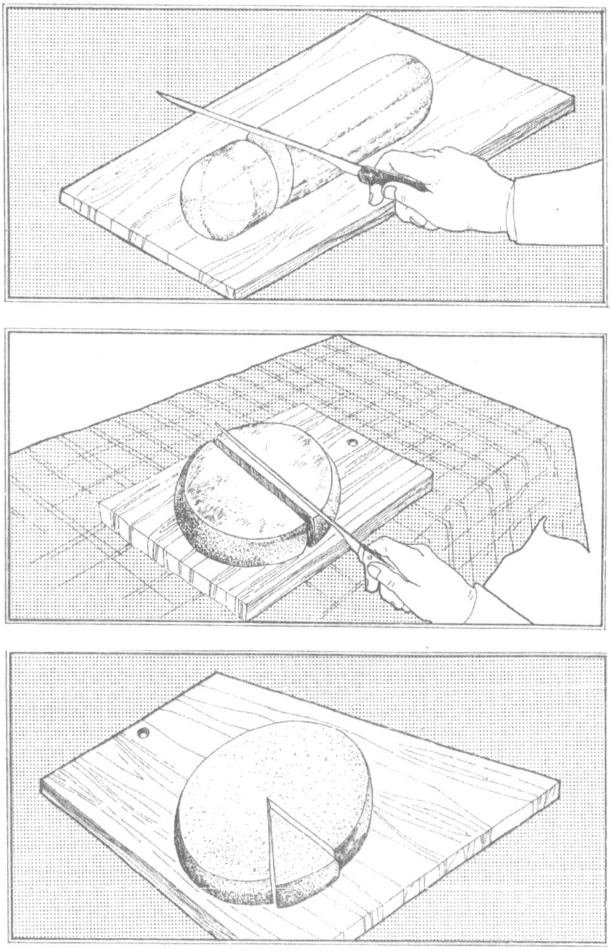

Exemple de coupe de fromage de type bûche ou tomme

C'est là que la fantaisie, le goût, la sensibilité, l'harmonie, l'équilibre du maître de maison peuvent s'exprimer pleinement pour montrer à ses invités combien il les estime et il les respecte.
Les fromages cylindriques et relativement peu épais sont présentés, en général, sous la forme de quartiers, comme des parts de gâteaux : il faudra donc les couper par quartiers en partant de la pointe, en suivant un mouvement en éventail le long de la partie courbe de la croûte. Cela permet de répartir équitablement celle-ci, aussi bien que la croûte qui recouvre le bord et celles qui revêtent les deux faces de la part.

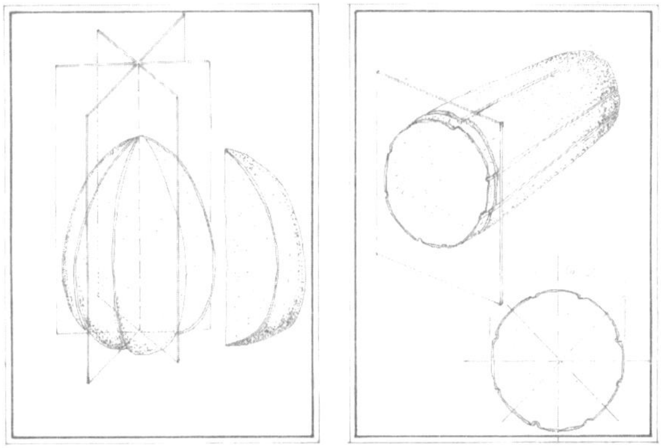

Exemples de coupes de fromages de type cylindrique

Les fromages de forme cylindrique, mais plus épais, présentent plus de difficultés. Pour cette catégorie, il conviendra de diversifier la coupe selon le type de part présenté, c'est-à-dire une tranche entière, comparable à une grosse part de gâteau, ou une partie de celle-ci. Pour couper ce type de fromage dans les règles de l'art, il faut pratiquer une incision perpendiculaire au plan d'appui et parallèle au plan tangent du parallèle principal. On obtient ainsi deux parts, l'une appartenant à un prisme triangulaire droit, l'autre à une forme vaguement trapézoïdale.

Dans le premier cas, les parties recouvertes par la croûte correspondent aux côtés supérieur et inférieur du prisme, et les coupes suivantes seront effectuées selon les plans de coupe parallèles au premier.

Dans le deuxième cas, la croûte enveloppe sur trois côtés tout le prisme et les coupes suivantes devront être exécutées par quartiers, en partant de l'hypothétique sommet du quartier initial.

Si, sur le plateau, est posée une part ou une portion de quartier qui ne peut être coupée en suivant la partie recouverte par la croûte, ce sera au maître de maison de faire en sorte que chaque convive

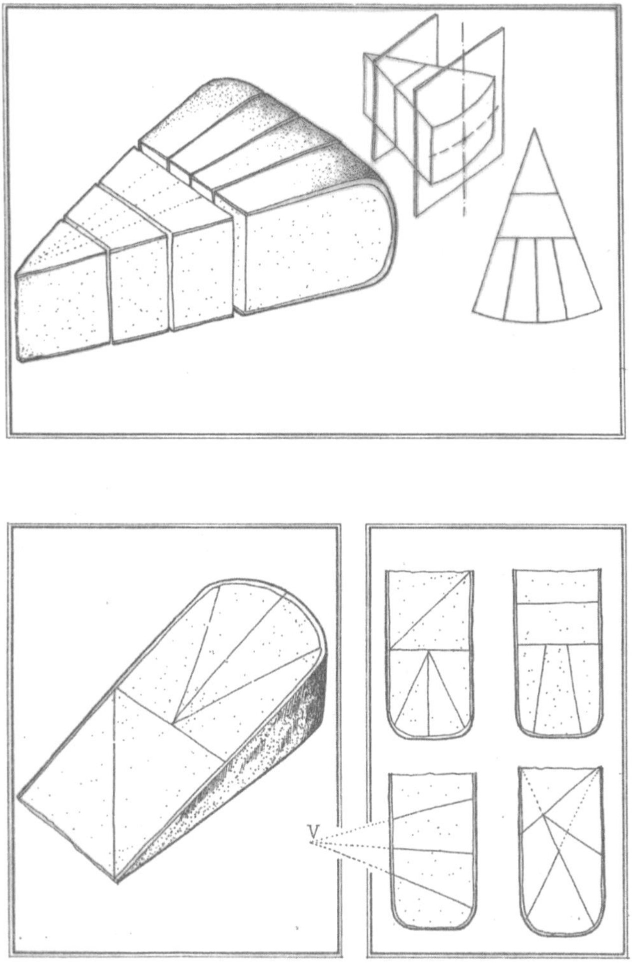

La découpe de portions

puisse goûter pleinement la saveur du fromage en question. Dans ce cas, la règle fondamentale veut que l'on coupe la tranche en plusieurs parts ayant chacune un morceau de croûte suffisant pour que l'on puisse saisir toutes les nuances de la pâte.

En même temps, il ne faut pas oublier les règles de la symétrie et de l'esthétique pour que la tranche, si elle n'est pas entièrement consommée, puisse être coupée une nouvelle fois de façon appropriée. Dans ce cas, je suggère de procéder à des coupes transversales qui permettent de répartir équitablement la pâte et la croûte, obtenant ainsi des parts similaires par leur forme et leur contenu. On peut également pratiquer des incisions perpendiculaires aux parties recouvertes par la croûte même si, de cette façon, certaines parts auront moins de croûte que d'autres.
L'idéal serait de couper les parts en fonction de la section d'or de la partie non recouverte par la croûte, mais une telle opération semble difficilement réalisable à table, surtout sans un double décimètre !

Lorsqu'il s'agit, au contraire, de couper des formes cylindriques dont le diamètre est nettement inférieur à la hauteur, la tâche est nettement plus facile, car on opère par plans parallèles à la base et perpendiculaires à l'axe de rotation.

Pour ce qui est des fromages en forme de tronc de pyramide, comme le valençay, la coupe sera exécutée selon des plans perpendiculaires au plan d'appui et parallèles à la hauteur du prisme, en suivant les diagonales de base ou les axes du prisme, mais jamais selon des plans parallèles à la base.

La coupe de fromages carrés, tels que le pont-l'évêque ou autres fromages pseudo-prismatiques, se fait par tranches parallèles au côté le plus court ou, comble du raffinement, par lignes diagonales, de façon à offrir à chaque convive des prismes rectangulaires uniformes.
Les parts prismatiques des fromages de grosses dimensions, tels que le gruyère ou le beaufort, doivent être coupées de façon à pouvoir répartir équitablement la pâte et la croûte sur chaque tranche.

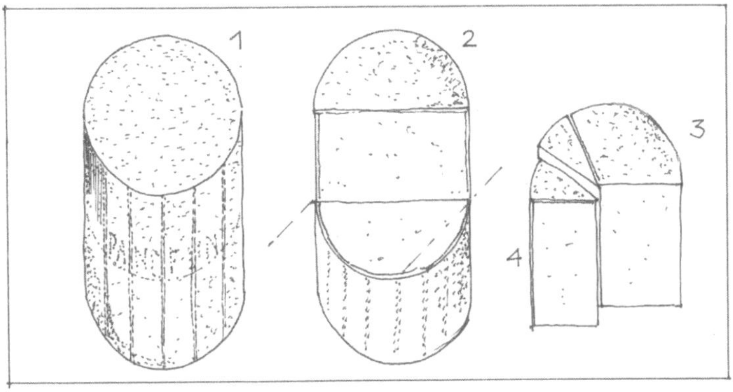

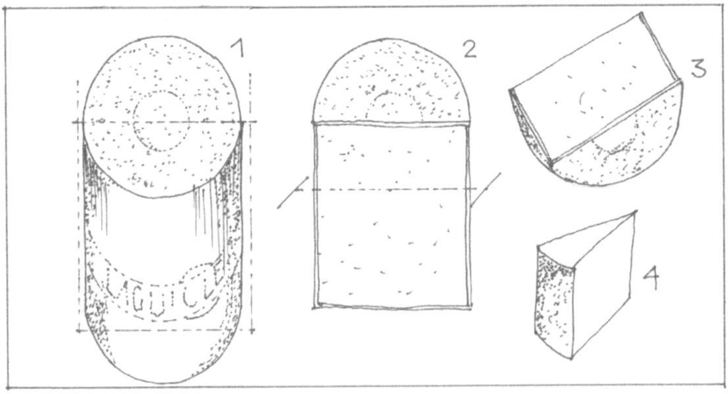

Étapes de la coupe du castelmagno et du pannerone

Étapes de la coupe classique du laguiole

Les fromages de petites dimensions, comme par exemple le saint-marcellin, doivent être coupés en quartiers, selon l'inspiration du maître de maison ainsi que selon le goût des invités et la quantité voulue.

Cependant, ce sera le maître de maison qui, par son goût, son imagination et son expérience, saura choisir, à chaque occasion, la coupe adaptée, en étudiant et en modifiant les plans de coupe selon les exigences.

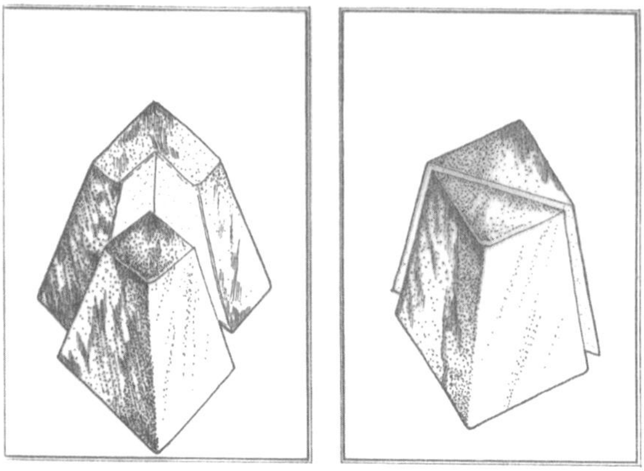

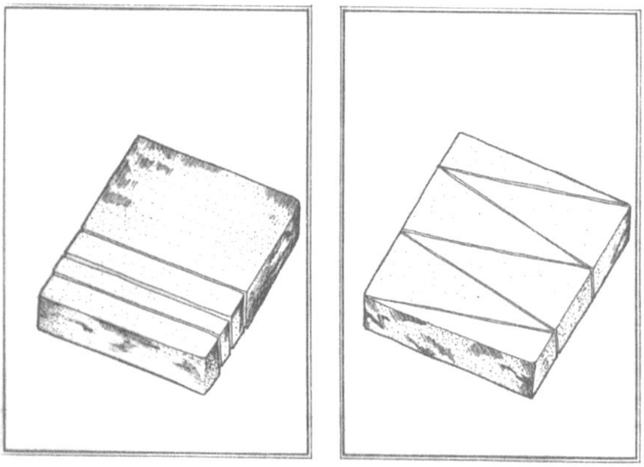

Type de coupe pour fromages à tronc de pyramide comme le valençay ou le tymsboro

Coupe pour fromages de type taleggio ou pont-l'évêque

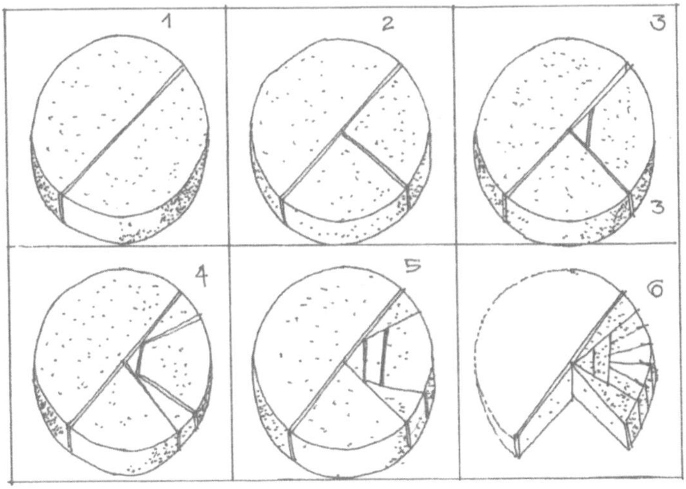

Étapes de la coupe classique du comté

Ceux qui se bornent à appliquer une série de normes et de règles ne pourront jamais atteindre la perfection de la coupe car, pour ce faire, il faut non seulement connaître le fromage que l'on s'apprête à couper mais aussi ses propriétés particulières ainsi que les goûts des convives : c'est la seule façon authentique de perpétuer la gloire de cette nourriture céleste !

Je conseille à tout maître de maison de suivre des règles bien précises et de les appliquer le plus souvent possible, mais aussi de les perfectionner et de les garder secrètes comme le faisaient les anciens « Compagnons ». Mais il y a aussi des moments où il faut savoir faire preuve d'une certaine liberté, surtout lorsque l'on souhaite souligner par une action originale un événement exceptionnel comme la présence d'une part de fromage particulièrement exquise ou lorsque l'on veut exprimer son estime à l'égard d'un invité de marque.

L'acte de couper devient ainsi une sorte de performance ou de *happening*, véritable sublimation de *l'ars secandi* !

De la façon de présenter les fromages à table

Pour ne pas me démentir, je vais déclarer d'emblée que je ne suis pas d'accord avec ceux qui affirment : « Le maître de maison ne devra pas se vexer si l'invité refuse le fromage qui lui est offert, car il s'agit d'un plat qui n'a pas été cuisiné par ses soins. » Inviter quelqu'un à déjeuner ou à dîner est une marque d'estime, c'est un plaisir, une offrande (parfois propitiatoire) qui demande au maître ou à la maîtresse de maison un très grand effort d'invention et de préparation en ce qui concerne le choix du menu et, donc, aussi du dessert.

C'est la raison pour laquelle les vins, les fromages et même les fruits, bien qu'ils ne soient pas cuisinés, font partie intégrante du travail de préparation à la cuisine. Un invité qui est incapable d'apprécier ce genre d'attention manque résolument de finesse ! De même qu'il sait savourer un plat de gibier ou de poisson, il saura apprécier un plateau de fromages et goûter ceux-ci, car le maître de maison aura su choisir les produits les plus adaptés à son palais.

Venons-en au plateau en tant qu'objet. Il sera toujours unique et jamais en métal (même précieux). À éviter également les matières plastiques avec reproductions d'anciennes gravures ou autres. Je demande pardon à mes lecteurs dont le goût est sûrement des plus raffinés, mais je préfère insister sur ce point : n'utilisez que des plateaux en céramique ou en bois. Certains recommandent le verre mais je trouve, pour ma part, que cela procure une sensation d'anonymat et de froideur, alors que le fromage est une matière vivante. Il m'est même arrivé de voir des fromages servis sur des plateaux en marbre, tels des morceaux de viande chez le boucher ou, pire, des cadavres prêts pour une autopsie !

Je vous en conjure : faites en sorte que vos invités n'aient pas à éprouver ce genre de sensation macabre !

Certains types de céramique ne sont pas tout à fait adaptés : il faudra privilégier les terres cuites artisanales ou les faïences. On utilise parfois des paniers en osier ou en bambou. Les premiers sont acceptables à condition que les bords ne soient pas trop hauts et qu'ils soient munis d'un support rigide pour assurer une bonne coupe. Les seconds sont résolument à déconseiller, car leur caractère quelque peu exotique convient mal à un plateau de fromages bien de chez nous.

Le meilleur matériau pour les plats est sans aucun doute le bois poli, sans nœuds, sans décorations, en particulier les essences de dureté moyenne non résineuses et non odoriférantes. Lorsque le bois du plan de coupe est en bon état, il est préférable de le laisser tel quel, sans le recouvrir d'un tissu, de façon à ce que le support soit directement en contact avec les fromages. Le merisier, le poirier et le châtaignier sont parmi les bois les plus adaptés à cet usage.

On peut également utiliser des supports en bois rustiques, comme les planches à découper rondes dont on se sert, dans les vallées alpines, pour couper la polenta, ou d'autres types de planches rectangulaires. Dans ce cas, on pourra recouvrir la surface, selon le type de fromage que l'on souhaite offrir, soit d'une serviette blanche en chanvre, soit d'un napperon en coton grège ou encore de feuilles de vigne ou de figuier. Les poignées devront être bien dégagées du plan de coupe de façon à faciliter l'action du maître de maison.

Les fromages à pâte très molle doivent être servis, de préférence, dans des bols en terre cuite ou en bois placés sur le plateau – pour ne pas donner à nos convives la sensation qu'il existe des fromages de première et de deuxième classe.

Les parts ou les tranches de fromage doivent être disposées sur le plateau selon un rituel rigoureux ponctué par quelques règles essentielles.

Lorsque le déjeuner ou le dîner ne revêtent aucun caractère spécifique ou particulier, il est conseillé de diversifier les fromages en fonction des différents types de lait dont ils sont faits et des différents degrés de consistance de la pâte afin d'offrir aux invités un choix le plus équilibré possible. Une telle diversification doit tenir compte d'une juste répartition entre fromages à la saveur très prononcée et fromages au goût plus délicat : il ne faut jamais exagérer, ni dans un sens ni dans l'autre. Un plateau bien composé doit offrir, en général, un certain pourcentage de fromages frais, de fromages à pâte molle, de fromages affinés et à pâte dure moyennement savoureux. Il faut également ajouter un fromage bleu. On peut mélanger des fromages de production nationale avec d'autres de fabrication étrangère.

Les parts doivent être disposées sur le plateau selon une logique rigoureuse, par ordre croissant, en fonction de leur consistance et de leur goût. Il conviendra donc de servir d'abord les fromages les plus doux et les plus délicats, puis les fromages à pâte molle un peu plus savoureux, suivis de ceux à pâte molle au goût plus prononcé, pour finir avec les fromages à pâte dure.

Il est, de toutes façons, préférable de présenter les tranches selon un dessin légèrement arrondi et non pas selon une stricte disposition en demi-cercle. Les bols contenant les fromages crémeux, s'il y en a, seront placés dans la partie centrale du plateau, en faisant bien attention à laisser un espace suffisant au maître de maison pour qu'il puisse couper aisément les parts avec les couteaux appropriés.

Selon le type de fromage que l'on sert (à pâte molle ou plus ou moins dure), on disposera à côté du plateau les couteaux appropriés : le fil à couper pour les pâtes molles, le couteau à lame fine pour les pâtes plus consistantes et celui à lame rectangulaire pour les pâtes dures. Pour les fromages crémeux, on utilisera une petite spatule concave en bois (choisir, de préférence, une essence souple) pour chaque bol. Je déconseille vivement l'usage de cuillères en métal – bien que l'on puisse l'admettre, dans certains cas, à conditions qu'il s'agisse de métaux nobles.

Lorsqu'on présente à table des fromages aux caractéristiques très marquées qui se distinguent nettement des autres fromages, il est préférable d'utiliser des couteaux différents, même lorsqu'il s'agit de pâtes de la même consistance.

Le maître de maison, après avoir interrogé les invités sur leurs goûts, présentera à chacun d'entre eux les parts de fromage en les coupant de manière appropriée et en décrivant, non sans une certaine coquetterie, leurs propriétés : comment ils ont été travaillés et affinés, leur lieu d'origine, le type de lait dont ils sont faits (de vache, de chèvre ou de brebis).

Bien entendu, chaque type de fromage sera servi « à point ». Cela fait justement partie des attributions du maître de maison de s'assurer que ses fromages ne sont pas trop ou pas assez « faits » et de décider s'il faut prolonger la période d'affinage avant de les servir à table. Les différentes qualités de fromage, si elles sont produites de façon artisanale, ne sont pas toutes disponibles à n'importe quelle saison.

À l'heure actuelle, il est pratiquement impossible de disposer d'une cave à température constante et l'on est donc obligé de conserver les fromages au réfrigérateur. Je conseille, dans ce cas, de ne pas les envelopper dans des feuilles de cellophane, mais plutôt dans du papier huilé ou dans des torchons de façon à ce qu'ils puissent respirer, et de les placer tout en bas du réfrigérateur.

N'achetez jamais de fromages qui ont été congelés et n'ayez jamais l'absurde idée de les congeler vous-même pour les conserver plus longtemps. Lorsque vous les sortirez de ces mornes cellules où règne une température polaire, les pauvres fromages ne seront plus les mêmes ! Ce type de traumatisme modifie de façon fondamentale les propriétés de la pâte fromagère.

Au contraire, le fromage peut être conservé dans des bocaux en verre fermés, mais gare aux boîtes en plastique ! Avant de le présenter à table, sortez-le du réfrigérateur quelques heures à l'avance de façon à ce qu'il puisse se réchauffer progressivement à température ambiante tout en s'oxygénant. Sortez-le du papier, nettoyez-le comme un bébé et maquillez-le comme une jeune mariée ; puis portez-le à table avec les égards dus à une reine !

Le plateau de présentation devra contenir un nombre limité de portions de fromage, pour que l'hôte ne se sente pas alourdi, et pour ne pas confondre les propriétés organoleptiques des différents fromages. Généralement, on ne dépasse pas les sept types de fromages, et on ne sert jamais – j'avoue ne pas savoir pourquoi – un nombre pair ! Il est de bon ton de disposer le premier fromage à l'heure zéro, puis d'installer les autres dans le sens des aiguilles d'une montre selon leur densité et leur saveur. D'abord les fromages les plus délicats, puis les autres : la progression doit tenir compte de certains facteurs essentiels : la structure, de molle à dure ; la nature, de lactique à fermentée ; le goût, de doux à corsé. Le maître de maison devra donc connaître les produits et choisir les pâtes correctement. Et ce n'est pas si évident ! Il est également conseillé de faire des portions de façon adéquate, selon les différentes typologies, mais de préférence en restant dans les mêmes origines (lait de vache, ou bien de chèvre et de brebis), dans les mêmes structures ou consistances (pâtes dures, mi-dures, molles), et selon des méthodologies variées (à pâte persillée, à pâte crue, à croûte fleurie). On peut également choisir des pâtes provenant de mêmes territoires (italiens, français, espagnols, portugais, etc.), ou encore ayant subi le même affinage. En bref, les critères de choix sont variés, mais doivent être toujours cohérents et justifiés par le gourmet qui connaît les pâtes, sait en indiquer les qualités et les propriétés, afin d'exalter la dégustation et de préciser comment bien accompagner les fromages.

De la meilleure façon d'associer les fromages au pain et au vin

On sait maintenant que les sensations que nous percevons nous sont fournies par les organes sensoriels. Sans nous attarder dans des considérations trop académiques sur l'analyse qualitative et quantitative qu'un goûteur professionnel doit effectuer pour émettre un jugement, il nous faut savoir au moins que le goût et la saveur d'un fromage nous sont indiqués par l'appareil buccal et olfactif. Le parfum, détecté par l'appareil olfactif, est reçu par le bulbe olfactif, dont les récepteurs communiquent avec les molécules odorantes présentes dans l'air inhalé et transmettent les sensations au cerveau à travers le nerf olfactif. À l'intérieur de la bouche, des parois molles du palais et du premier tronçon de l'œsophage, nous avons des papilles gustatives, placées sur les différentes parois de tout l'appareil gustatif et distribuées de façon à interpréter les quatre saveurs fondamentales : doux, amer, salé et acide. Ces saveurs vont aux capteurs nerveux et donc au cerveau. La saveur douce est détectée par l'extrémité de la langue, le salé par les bords ; tandis que la partie interne détecte l'acide et l'amer.

Le mélange de ces sensations fournit le goût et la saveur de la bouchée de fromage que nous sommes en train de déguster. Si la bouche n'est pas parfaitement « neutre », c'est-à-dire si les papilles sont encore stimulées par une saveur précédente, le goût est altéré. Il est donc conseillé d'imprégner l'appareil buccal d'un milieu neutre et basique. Il faut bien se rincer la boucher, avaler un peu de salive, ou, mieux encore, absorber une préparation neutre et uniforme, par exemple utiliser un peu de mie de pain pour accompagner et précéder la bouchée de fromage. Cet élément est essentiel pour capter au mieux les sensations gustatives de ce que nous dégustons, car il crée un milieu plus sensible. Pour augmenter, corroborer et célébrer les propriétés organoleptiques, une gorgée d'un vin approprié peut créer un bon mélange pour la dégustation non scientifique des amateurs. Ceci représente le plaisir hédoniste de la dégustation et célèbre les caractéristiques gastronomiques et épicuriennes qu'un fin gourmet exige. En bref, cette pratique satisfait les attentes d'un amant de la bonne table.

Une bonne façon de goûter un fromage est de le manger en buvant un vin produit sur le même site, car on peut supposer que la terre qui a nourri le vignoble a donné à l'herbe, qui sera transformée en lait, les mêmes qualités et les mêmes propriétés.

Ce principe est valable à condition que la vigueur, la saveur et le parfum du vin soient adaptés à la nature du fromage.

Il doit exister, entre le vin et le fromage, un équilibre de parfums, d'arômes et de saveurs, de telle sorte que le premier ne vienne pas écraser ou altérer les propriétés du second, mais, bien au contraire, les exalter. En d'autres termes, le mariage ne doit pas se transformer en un duel, mais il doit créer, au contraire, une sorte d'harmonie permettant au fromage d'apporter le plus grand plaisir au palais du gourmet grâce au soutien fourni par un vin approprié.

La première règle à observer dans la façon d'assortir le vin et le fromage est de servir des fromages frais, à pâte douce, avec des vins légers, à la saveur fraîche et impalpable, aux parfums fruités de fleurs des champs, à faible degré d'alcool et relativement jeunes. En revanche, les fromages à la saveur plus prononcée mais dotés de nuances délicates doivent être associés à des vins secs, au goût harmonieux et velouté, moyennement alcoolisés et plus vieux. Enfin, pour les fromages pleins de goût, à la saveur forte et caractéristique, on recommande des vins de caractère, ni trop jeunes ni trop vieux, secs, au goût plein et austère, dotés d'un degré d'alcool approprié.

Il s'agit là de conseils, et non pas de dogmes catégoriques à appliquer à la lettre. Le gourmet et le maître de maison pourront expérimenter d'autres associations, jusqu'aux plus hasardeuses. Tout est bon, pourvu que cela plaise !

Par exemple, j'ai goûté avec beaucoup de curiosité et autant de délice le célèbre fromage bleu anglais *stilton* avec du vin de paille sec de Sicile, une autre saveur par rapport au même fromage accompagné d'une bière forte à température ambiante, comme le font les fins gourmets anglo-saxons.

Cela pourrait paraître une aberration, mais c'est tout le contraire. D'ailleurs, Androuet recommande bien de goûter, au moins une fois dans sa vie, le livarot en l'accompagnant d'un verre de gros cidre ou de Calvados.

De façon plus détaillée – mais en laissant le maître de maison entièrement libre d'exprimer sa fantaisie et sa sensibilité – les normes essentielles pour marier avec succès les vins et les fromages peuvent se résumer de la manière suivante : les fromages frais et à pâte douce devront être accompagnés par des vins blancs, rosés ou rouges, mais jeunes, légers et fruités ; pour les fromages à pâte molle, il conviendra de préférer des vins rouges moelleux, au goût plein et velouté, ou des blancs secs à la saveur marquée ; pour les pâtes dures, en revanche, des vins rouges, secs, à la saveur prononcée seront tout à fait adaptés.

Les fromages à la saveur intense et les bleus préfèrent des vins robustes, vieux, au caractère bien affirmé. Le moment est venu de révéler à notre patient lecteur un secret : je suis italien et, comme chacun sait, l'Italie est la patrie des saints, des navigateurs et... des mangeurs de pain !

La dégustation d'un fromage atteint son summum lorsque, à un vin adapté, vient s'ajouter un bon pain, capable de bien se fondre avec la pâte fromagère, d'atténuer les goûts résiduels dans notre bouche et de reposer les papilles pour qu'elles puissent transmettre au palais, par la suite, toute la palette de saveurs du fromage.

Le pain constitue un formidable accompagnement pour toutes sortes de plats : c'est le support grâce auquel les goûts naturels sont mis en valeur.

En oubliant un instant son rôle atavique et essentiel, à savoir celui de nourrir, on s'aperçoit que le pain est le complément le plus agréable de n'importe quel aliment et qu'il sert de guide au palais. Selon la façon dont il est travaillé et la cuisson de la pâte, il convient mieux à tel ou tel plat.

Selon sa qualité, le fromage sera accompagné, tour à tour, par des pains de différentes formes et compositions, par des tartines légèrement grillées, par des biscottes, etc.

Bien que certains experts recommandent de servir des crackers avec les fromages à pâte molle, je préfère, pour ma part, d'autres accompagnements, car la saveur du cracker monopolise, en quelque sorte, le goût en altérant celle du fromage.

Il est donc préférable d'utiliser des tranches de pain grillées au feu de bois.

Pour certains fromages frais d'alpage, des pommes de terre bouillies ou cuites sous la braise constituent un accompagnement idéal. C'est ainsi que les goûtaient les anciens bergers et les montagnards, car le pain de seigle que l'on faisait cuire une ou deux fois par mois devenait rapidement dur et sa saveur trop forte pour accompagner des fromages frais. Ceux-ci, en effet, doivent être dégustés avec des pâtes à la saveur moelleuse et peu prononcée, comme les pommes de terre bouillies.

Bien qu'il n'existe pas, dans ce domaine, de règles précises, il est préférable d'accompagner le fromage avec des pains produits dans la même région ou, du moins, avec les mêmes méthodes de travail que celles utilisées dans la zone de production du fromage.

Une tomme des Pyrénées est cent fois meilleure si on la mange avec une tranche de pain de campagne, alors qu'un picodon se marie très bien au pain complet. Quant à la pâte crémeuse de l'époisses, je conseille de la savourer sur des tranches de pain légèrement grillées.

Certains gourmets prônent la nécessité d'opposer à un pain à pâte molle un fromage à pâte dure alors que d'autres conseillent d'assortir à des pains à pâte dure ou compacte des fromages relativement consistants, et vice-versa.

Il ne faut donc pas généraliser les goûts et les expériences de chacun, mais plutôt choisir en partant de paramètres plus spécifiques et en se fondant, surtout, sur des essais et des expériences consolidées.

Pour ma part, je pense que la douce tomme de Camargue doit être dégustée avec une baguette bien cuite et un bon verre de clairette de Bellegarde, alors que la pâte molle du camembert doit être accompagnée d'un petit pain avec – pourquoi pas ? – un bon bordeaux : en effet, dans le premier cas, la pâte moelleuse et parfumée de la tomme de Camargue doit être exaltée par la croûte croquante du pain, alors que le camembert, qui possède une nuance caractéristique, plus prononcée et légèrement relevée, doit être accompagné de morceaux de pain moins cuit, capables d'adoucir même le goût vigoureux du vin.

Heureusement pour nous, il existe d'innombrables bons fromages, produits dans de nombreux pays du globe : j'aimerais les connaître tous mais je crains, malheureusement, que ce soit impossible. En Europe, toutefois, avec l'abolition des frontières et des douanes, ce sera de plus en plus facile de pouvoir consommer ces merveilles en les comparant entre elles. Nous apprendrons, ainsi, à apprécier, outre les fromages bien de chez nous, ceux qui proviennent d'autres pays et, parmi eux, non seulement les plus connus, mais aussi les fromages de production locale qui sont parfois bien meilleurs.

J'ai donc pensé qu'il serait intéressant de proposer au lecteur un choix de fromages accompagnés des vins et des pains les plus adaptés, en donnant la priorité aux fromages français sans négliger toutefois la production italienne.

En ce qui concerne les fromages français, j'ai eu recours aux conseils des grands maîtres fromagers Androuet et Gallors, qui m'ont également recommandé certains mariages avec des vins locaux.

Ces indications – comme j'ai déjà eu l'occasion de le faire observer – sont données à titre d'exemple, pour stimuler la recherche selon des critères et des goûts personnels. Tous les gourmets et les maîtres de maison doivent libérer leur imagination et puiser dans leurs expériences et leurs recherches pour assurer au fromage le rôle de roi de la table qu'il mérite !

Si quelqu'un veut poursuivre ce merveilleux itinéraire en essayant d'autres associations, il sera le bienvenu : il n'y a que l'embarras du choix ! Je vous souhaite un bon travail ! Et si vous êtes satisfaits de vos découvertes, ne les gardez surtout pas pour vous. Faites-les connaître, soyez généreux, tenez-moi au courant de vos expériences.

Quelques petites recettes gourmandes

Bien que je sois d'avis que le fromage doit être dégusté seul, accompagné uniquement de vin et de pain, force est de constater que cette thèse a été largement réfutée. La preuve en est qu'il existe une grande quantité de recettes où le fromage est le protagoniste ou fait partie des éléments d'accompagnement des plats, potages et crudités les plus variés !

En réalité, il existe des plats anciens et traditionnels qui utilisent les fromages en les intégrant aux autres ingrédients. Aujourd'hui encore, on peut trouver des livres, opuscules et fascicules sur ce sujet, écrits par de grands chefs, par d'importants et fameux cuisiniers, ou encore par des religieuses, des journalistes, des femmes au foyer, des frères trappistes, des acteurs, des chanteurs, des défenseurs de l'hygiénisme, et ainsi de suite. Leur but commun est d'inventer, proposer, expérimenter des plats, redécouvrir de vieilles recettes de grand-mère, ayant comme sujet le fromage, ce merveilleux produit, fruit de l'imagination humaine. J'ai donc décidé moi aussi de m'y mettre et de proposer quelques plats gourmands, mais à une condition : que les particularités gustatives du fromage ne soient pas éliminées, et que sa saveur ne soit pas altérée par les autres ingrédients.

J'ai divisé les recettes selon la composition d'un repas, et j'ai indiqué les doses pour quatre personnes. Essayez et jugez vous-même. Merci !

Mise en bouche

Ziggurat aux deux fromages

100 g de tomme de chèvre de Savoie
100 g de beaufort
quelques tranches de jambon cuit
quelques tranches de pain de mie
de la mayonnaise et des olives

• Enlevez la croûte du pain de mie. Découpez dans le pain de mie des rectangles d'environ 5 cm de côté et couvrez-les de mayonnaise. Posez par-dessus un triangle de tomme, puis une tranche triangulaire de jambon cuit, en disposant ses coins de façon opposée aux coins du triangle situé en dessous. Puis, posez par-dessus un petit triangle de beaufort, lui aussi avec les coins opposés aux coins du triangle d'en dessous, puis encore du jambon, de façon à créer une ziggurat dentée. Bloquez le tout avec un cure-dent, au sommet duquel vous placerez une olive noire.
• Servir agrémenté de quelques brins de ciboulette ou de persil.

Potages et hors-d'œuvre

Risotto à l'ortie

100 g de boule de Lille (ou mimolette)
250 g de riz
150 g de jeunes feuilles d'ortie
2 cs de beurre
un oignon, sel et poivre

• Faites cuire le riz dans de l'eau bouillante avec les jeunes feuilles d'ortie. Une fois que le riz est cuit « al dente », égouttez le tout. Dans une poêle, faites dorer l'oignon finement haché puis versez le riz. Ajoutez le beurre et incorporez-le au riz jusqu'à ce qu'il fonde. Salez et poivrez. Terminez la cuisson à feu moyen en versant la boule de Lille râpée. Mélangez encore délicatement afin d'unir le tout.

Soupe de l'abbesse

150 g de flocons de trappe d'Échourgnac
1 cs de beurre
3 cs de farine blanche
50 cl de bouillon de légumes
20 cl de vin blanc sec
1 verre de crème fraîche liquide, du sel, du poivre, du cumin

Hildegarde de Bingen fut une grande religieuse. Cette dévote femme de foi vécut dans les années 1100. Elle a laissé des témoignages religieux écrits, ainsi que des œuvres de médecine. Pour elle, les aliments étaient aussi bien un médicament qu'un sain plaisir de l'âme. Elle a écrit : « Ce sont les cinq sens qui font que l'homme est complet. »

Voici une adaptation d'une de ses recettes, dans laquelle, pour lui donner une note « monacale », j'ai changé le fromage que préconisait Hildegarde par un fromage actuel reconnu pour son éclectisme, avec la certitude que l'abbesse, femme d'une grande ouverture culturelle, l'aurait appréciée.

• « Préparez un bouillon de différents légumes. Délayez le beurre avec la farine, à feu doux. Ajoutez le bouillon et le vin. Faites cuire à feu modéré pendant quelques minutes. Versez sur le bouillon des tranches très fines, comme des voiles de mariée, de trappe d'Échourgnac.
• Battez le tout avec un fouet de cuisine, après avoir ajouté du sel, du poivre et du cumin. Versez la soupe dans les assiettes et agrémentez de deux cuillérées à soupe de crème fraîche montée. Remerciez Dieu pour ce remède. »

Potage paysan

200 g de barousse en petits morceaux
300 g de pommes de terre
100 g de petits pois
une carotte, deux oignons
un verre de lait et un verre de crème liquide
sel et poivre

• Épluchez les pommes de terre et les carottes, coupez-les en petits morceaux, et faites de même avec les oignons. Préparez les petits pois. Mettez le tout dans une casserole et ajoutez sel et poivre. Faites cuire pendant 40 min. Quand la préparation est bien cuite, faites-en une crème liquide à l'aide d'un moulin à légumes. Remettez le tout dans la casserole et ajoutez le lait, la crème et les morceaux de barousse. Faites cuire encore à feu doux pour lier le tout. Servez chaud.

Soupe aux trois fromages

80 g de comté
80 g de reblochon
4 cs de pavé de Roubaix râpé
40 g de farine
40 g de beurre
un peu de noix de muscade, du sel, du poivre
trois verres de bouillon

• Dans une casserole, faites fondre à feu vif le beurre en le mélangeant à la farine. Versez petit à petit le bouillon, tout en continuant à mélanger afin d'éviter la formation de grumeaux. Une fois que vous aurez obtenu une crème très liquide, couvrez et laissez décanter pendant 10 min. Pendant ce temps, coupez les deux fromages, comté et reblochon, en gros copeaux et versez-les dans la crème quand elle sera devenue un peu dense. Mélangez de nouveau avec soin. Quand la préparation sera bien amalgamée, salez et ajoutez une pincée de noix de muscade, puis saupoudrez de fromage râpé. Servez bien chaud, éventuellement accompagné de petites tartines de pain grillé.

Simple délice

400 g de fromage double-crème de Seine-et-Marne
400 g de riz
2 cs de beurre
quelques feuilles de basilic
sel et poivre

• Faites cuire le riz dans l'eau bouillante. Une fois qu'il est cuit (légèrement « al dente »), versez-le dans une terrine où vous aurez auparavant coupé en petits morceaux le fromage et ajouté quelques copeaux de beurre ainsi que les feuilles de basilic entières. Mélangez énergiquement jusqu'à ce que les ingrédients soient bien liés. Servez le plat bien chaud.

Entrées

Coupelles de tomates au brocciu

300 g de brocciu
4 tomates
quelques olives noires dénoyautées, du basilic, du persil, du sel, du poivre et de l'huile d'olive

• Lavez les tomates, séchez-les et coupez-les horizontalement. Creusez-les délicatement, pour les transformer en de gracieuses coupelles. Salez et retournez-les sur un plan de travail en bois, afin qu'elles s'égouttent. Hachez finement le basilic, le persil et quelques olives. Dans un récipient, travaillez le fromage frais en l'incorporant au mélange d'herbes puis assaisonnez le tout avec l'huile, le sel et le poivre. Remplissez les coupelles de tomate avec cette pâte et agrémentez de quelques olives et quelques feuilles de basilic.

Salade de champignons

200 g de neufchâtel
400 g de champignons de Paris
un citron
un brin de persil
de l'huile, du sel et du poivre

• Brossez et nettoyez bien les champignons, puis coupez-les en lamelles. Assaisonnez-les avec un jus de citron agrémenté d'huile, de poivre et de sel. Disposez le tout dans un saladier où vous aurez placé le fromage coupé en dés. Hachez le persil, mélangez-le aux champignons et au fromage, puis placez le saladier au réfrigérateur pendant au moins une demi-heure. Servez le plat à peine sorti du réfrigérateur.

Salade du fou

350 g de salers
500 g de salade
une tomate, deux courgettes, un oignon, un brin de roquette
2 cs de moutarde de Dijon
3 cs de mayonnaise
un demi-verre de crème liquide
une poignée d'anchois à l'huile et une poignée d'olives noires et de radis

Il y a bien longtemps, sir Charles Thomas William Smithson, riche gourmet raffiné, mais également insatiable crapule, fut totalement abandonné par ses serviteurs. Resté seul pendant quelques jours dans son grand manoir, tenaillé par la faim, il commença alors à devenir fou et descendit aux cuisines. Il fouilla dans les placards et ajouta tout ce qu'il trouva dans une grande terrine. Il avala le tout pour apaiser son formidable appétit... C'est ainsi que naquit la salade du fou !

• Dans un saladier, versez la moutarde, la mayonnaise et la crème. Mélangez le tout. À part, coupez la salade et la roquette, réduisez la tomate en morceaux et coupez les courgettes en rondelles, émincez l'oignon et les anchois. Versez les ingrédients dans le saladier en mélangeant soigneusement. Nettoyez les bords internes du saladier avec un chiffon puis appliquez le fromage réduit en morceaux rectangulaires d'environ 8 à 10 cm de longueur et 1 cm d'épaisseur. Agrémentez le plat avec quelques radis coupés en rondelles.

Plats

Médaillons de la comtesse

200 g de Bresse Bleu
4 tranches de veau
un demi-verre de cognac
de la chapelure
de l'huile, du romarin, quelques gousses d'ail, quelques feuilles de laurier,
du sel et du poivre

On raconte qu'une comtesse – dont je tairai le nom par respect pour le code d'honneur chevaleresque – pour récompenser son très jeune amant des ébats qu'il lui réservait, préparait elle-même de bons petits plats rapides afin de le revigorer après les fatigues de l'alcôve. La comtesse ayant disparu prématurément, une de ses servantes décida de divulguer son histoire et ses plats dans un livret publié en exemplaires limités. Lisez donc cette recette.

• Faites macérer pendant quelques heures les tranches de veau dans une sauce à base d'huile, de romarin, de gousses d'ail et de feuilles de laurier, sans oublier le sel et le poivre. Mettez les tranches de veau non encore égouttées dans la chapelure afin de les paner. Dans une poêle, versez le reste de la sauce et ajoutez éventuellement un peu d'huile. Faites cuire à feu vif jusqu'à ce que l'huile commence à frire, puis placez soigneusement les tranches de veau, faites-les brunir des deux côtés. Ajoutez sur chaque tranche un morceau de Bresse Bleu d'environ deux centimètres. Couvrez et baissez la flamme, laissez cuire quelques minutes. Enlevez le couvercle et arrosez de cognac les tranches de viande. Servez immédiatement.

Omelette de légumes

300 g de Rogallais, fromage de montagne de Midi-Pyrénées
4 œufs frais
4 pommes de terre
un poivron, un oignon, deux poignées de petits pois frais
du persil, du sel, de l'huile, du poivre

• Faites cuire les pommes de terre à l'eau ou à la vapeur. Préparez les autres légumes en les coupant en petits morceaux. Faites-les brunir avec l'oignon et le beurre. Dans un saladier, placez le fromage, les œufs et les légumes et battez le tout énergiquement. Versez la préparation dans un plat à four bien chaud. Saupoudrez de copeaux de fromage et de beurre en abondance, puis placez le tout dans le four déjà chaud, pendant un quart d'heure à 80°

Pommes de terre farcies

250 g de munster frais
4 pommes de terre moyennes
60 g de beurre
un verre de crème liquide
du sel, du poivre et une pincée de cumin

• Brossez, lavez et séchez les pommes de terre. Enlevez, dans le sens de la longueur, un quart de la pomme de terre de façon à l'utiliser comme couvercle. Salez la surface et remettez les couvercles. Placez les pommes de terre dans un plat en pyrex sans assaisonnement et faites cuire à 160°C pendant 30 min. Une fois que les pommes de terre sont cuites, enlevez leur couvercle et, à l'aide d'une petite cuillère, creusez presque toute la chair que vous réduirez en purée. Dans une terrine, amalgamez la purée et le beurre, le munster, la crème, le cumin, la noix de muscade et le poivre. Remplissez les pommes de terre avec cette farce et placez-les dans le plat en pyrex après avoir remis leurs couvercles. Ajoutez autour et au-dessus des pommes de terre quelques copeaux de beurre. Enfournez à 220°C et laissez cuire jusqu'à ce que la peau soit croquante. Servez chaud, immédiatement.

Plat froid rapide

250 g de brillat-savarin
200 g de roquette
2 bananes
4 tranches de jambon cru
quelques olives vertes, de l'huile et du vinaigre balsamique

• Sur chaque tranche de jambon cru de dimensions opportunes, placez un lit de roquette finement hachée. Appliquez par-dessus quelques cuillérées de fromage, de façon à créer une couche bien étalée. Placez au-dessus une demi-banane coupée dans le sens de la longueur. Recouvrez-la avec un peu de fromage et quelques brins de roquette. Enveloppez le tout avec des lambeaux de jambon, fixez cette sorte de rouleau avec un cure-dent au sommet duquel vous piquerez une ou deux olives vertes.
• Présentez le plat en l'agrémentant d'un brin de roquette assaisonnée de quelques gouttes d'huile et de vinaigre balsamique.

Asperges du Pape

quelques tranches de laguiole
4 ou 5 cuillères à soupe de gruyère râpé
800 g d'asperges
100 g de beurre
sel et poivre

Il semblerait que ce « plat pauvre » ait été dégusté durant les périodes de pénitence par le pape Clément V quand il se cloîtrait à Avignon !

• Faites cuire les asperges dans un peu d'eau bouillante salée pendant 5 min maximum. Égouttez-les sur un torchon. Dans un plat en pyrex, faites fondre 50 g de beurre et versez-y soigneusement les asperges en les mélangeant de façon à ce qu'elles se beurrent bien. Couvrez le tout avec les tranches de laguiole. Versez encore un peu de beurre fondu et saupoudrez de fromage râpé. Enfournez le plat en pyrex dans le four déjà chaud à 200°C, pendant environ 20 min. Servez chaud.

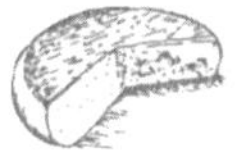

Desserts

Mousse délicieuse

un caillé de lait de vache
50 g de miel
un demi-verre d'armagnac
30 g de café en poudre

• Mélangez dans un récipient le fromage frais avec le miel et le café. Une fois que la pâte est devenue compacte, versez l'armagnac et continuez à mélanger. Placez le récipient au réfrigérateur pendant une demi-heure. Servez frais.

Galette aux fruits confits

un fromage de Fontainebleau
50 g de fruits confits
50 g de raisins secs
4 ou 5 cuillérées de Cointreau

• Mélangez le fromage aux fruits confits et diluez-le avec quelques cuillérées de liqueur. Formez ainsi une sorte de galette cylindrique de 10 cm de diamètre et de 5 cm d'épaisseur. Recouvrez totalement le tout avec les raisins secs. Servez à température ambiante.

Gâteau de grand-mère

300 g de greuilh
300 g de biscuits à la cuillère
300 g de confiture de coings
20 g de raisins secs, un verre de rhum et une tasse de café

• Imbibez les biscuits de rhum et étalez-les le long des parois et sur le fond d'un moule. Couvrez le tout avec la confiture. Dans une terrine, délayez le greuilh avec les raisins secs, la tasse de café, et remplissez le moule de ce mélange. Recouvrez la partie supérieure du gâteau avec des raisins secs. Mettez le récipient au réfrigérateur pendant au moins 3 h.

Gourmandise pour palais forts

plusieurs morceaux de différents fromages
un verre d'eau-de-vie
une goutte de crème liquide, du poivre, du piment, du paprika et de l'ail

Des Pyrénées aux Alpes, les tables pauvres des habitants de ces vallées isolées étaient jadis ornées d'un vase. Celui-ci contenait un mélange de saveurs et d'odeurs très fortes. Il servait à assaisonner les tranches froides de polenta ou les pommes de terre bouillies, et il était indispensable pour calmer la faim permanente de ces pauvres gens. Ce mélange crémeux naissait de la fermentation de restes de fromage, de croûtons, de morceaux de fromage abîmés, gardés dans un vase bien fermé et laissé dans le noir pendant plusieurs mois.

Selon les lieux, cette crème porte différents noms, présente plusieurs variantes, divers ingrédients dosés différemment, mais le but et le résultat étaient et sont encore les mêmes : leurrer le palais et apaiser un peu la faim perpétuelle.

Aujourd'hui, on fabrique certains types de crème pour solliciter les palais forts et stimuler les souvenirs des usages anciens.

Je suggère donc une recette utilisant des ingrédients plus nobles que ceux qui étaient employés jadis, à savourer sur des tartines grillées, et à accompagner d'un verre de vin rouge fort.

• Dans un pot à fermeture hermétique, placez quelques tranches de fromage de chèvre affiné, quelques morceaux de fromage au lait de vache fort, un peu de crème liquide, une pincée de poivre, du piment, quelques gousses d'ail bien écrasées et du paprika. Versez un verre d'eau-de-vie. Fermez bien et placez le pot dans le noir pendant plusieurs mois. Lorsque vous ouvrirez votre « fromage fort », il sera prêt à vous rendre fou : un feu d'artifice dans l'estomac !

Quelques exemples d'associations de fromages, de vins et de pains

Abondance (ou tomme d'Abondance)
Région : Haute-Savoie
Vin : gamay de Chautagne rouge
Pain : pain de campagne

Asiago
Région : Trentin
Vin : merlot, cabernet, pinot gris
Pain : pain à pâte dure

Banon
Région : Provence
Vin : rosé du mont Ventoux
Pain : baguette

Bettelmatt
Région : Piémont
Vin : gattinara
Pain : boule

Beaufort
Région : Savoie
Vin : blanc de Savoie
Pain : couronne

Bitto
Région : Lombardie
Vin : barolo, ciro
Pain : pain de campagne

Bleu d'Auvergne
Région : Aurillac
Vin : jurançon
Pain : boule de campagne

Bleu de Gex
Région : haut Jura
Vin : roussette de Monthoux ou beaujolais
Pain : boule

Bleu des Causses
Région : Cévennes
Vin : sauvignon
Pain : ficelle

Bra
Région : Piémont
Vin : barbera
Pain : pain à pâte moyenne

Brie de Coulommiers
Région : Île-de-France
Vin : pommard ou savigny-les-beaune
Pain : miche

Brie de Meaux
Région : Île-de-France
Vin : rouge bordelais
Pain : miche

Caciocavallo
Région : Calabre
Vin : chianti
Pain : pain à pâte moyenne

Camembert
Région : Normandie
Vin : château-margaux ou bordeaux rouge
Pain : petit pain

Cantal
Région : Auvergne
Vin : côte chalonnaise rouge
Pain : boule

Castelmagno
Région : Piémont
Vin : nebbiolo, barbaresco, barolo
Pain : pain à pâte dure

Chavignol Sancerre
Région : Berry
Vin : pinot gris ou sauvignon de Sancerre
Pain : pain de campagne

Comté
Région : Franche-Comté
Vin : blanc des Côtes du Jura
Pain : pain complet

Coulommiers
Région : Île-de-France
Vin : rouge
Pain : pain de mie

Emmenthal
Région : Rhône-Alpes, Bourgogne
Vin : givry, rully
Pain : pain complet

Époisses
Région : Côte-d'Or
Vin : blanc sec de Bourgogne ou rouge jeune de la Côte
Pain : pain de mie

Fontino
Région : Val d'Aoste
Vin : gattinara, carema, ghemme
Pain : pain à pâte molle

Gouda
Région : Hollande du Nord
Vin : bière, crémant
Pain : pain au son d'Alsace

Gorgonzola
Région : Lombardie
Vin : nebbiolo, sauternes
Pain : pain à pâte molle

Grana
Région : Lombardie
Vin : lambrusco, franciacorta
Pain : miche

Laguiole
Région : Aveyron
Vin : beaujolais
Pain : couronne

Langres
Région : Haute-Marne
Vin : rouge de Saint-Émilion ou château-couttet
Pain : couronne

Livarot
Région : Normandie
Vin : côtes-du-Rhône ou cidre
Pain : pain au son

Mahon
Région : Île de Minorque
Vin : castillo de Perelada
Pain : baguette

Mont-d'Or
Région : haut Doubs
Vin : rouge du Jura ou blanc de Savoie
Pain : pain grillé

Mozzarella de buffle
Région : Campanie
Vin : frascati, ischia blanc
Pain : pain à pâte molle

Munster
Région : Alsace
Vin : blanc d'Alsace ou rouge de Bourgogne
Pain : pain de gruau

Murianengo
Région : Piémont
Vin : barbaresco
Pain : miche

Murazzano
Région : Piémont
Vin : roero, dolcetto d'Alba
Pain : pain à pâte molle

Parmesan
Région : Émilie-Romagne
Vin : sangiovese
Pain : miche

Pecorino-toscano (fromage de brebis de Toscane)
Région : Toscane
Vin : chianti rouge de Montalcino
Pain : pain à pâte moyennement dure

Pecorino sardo
Région : Sardaigne
Vin : cannonau
Pain : pain de campagne

Picodon Dieulefit
Région : Dauphiné
Vin : côtes-du-Rhône
Pain : pain complet

Pont-l'évêque
Région : Normandie
Vin : bordeaux, bourgogne ou pomerol
Pain : ficelle

Pouligny-saint-pierre
Région : Berry
Vin : sauvignon blanc
Pain : baguette

Provolone
Région : Basilicate
Vin : refosco
Pain : pain à pâte moyennement dure

Queso de la Serena
Région : Badajoz
Vin : pedro ximénes sec
Pain : pain à pâte molle

Raschera
Région : Piémont
Vin : barbera, dolcetto
Pain : pain à pâte molle

Reblochon
Région : Savoie
Vin : abymes ou gamay rouge de Chautagne
Pain : bâtard

Robiola di Roccaverano
Région : Piémont
Vin : dolcetto
Pain : pain à pâte molle

Rocamadour
Région : Lot
Vin : cahors
Pain : pain complet

Roquefort
Région : Aveyron
Vin : châteauneuf-du-pape
Pain : petits pains

Saint-nectaire
Région : Auvergne
Vin : rosé de Bourgogne
Pain : pain de campagne

Sainte-maure de Touraine
Région : Touraine
Vin : rouge d'Anjou sec
Pain : petits pains

Salers
Région : Aurillac
Vin : sancerre rouge
Pain : pain aux noix

Stilton
Région : Derbyshire (Angleterre)
Vin : barolo, bière
Pain : pain grillé

Taleggio
Région : Lombardie
Vin : barbera dell'Oltrepò Pavese
Pain : pain à pâte molle

Tomme de Lanzo
Région : Piémont, vallées de Lanzo
Vin : dolcetto, grignolino
Pain : pain à pâte molle

Tomme de Camargue
Région : Provence
Vin : clairette de Bellegarde
Pain : baguette

Tomme des Pyrénées
Région : Ariège, Hautes-Pyrénées
Vin : côtes du Roussillon
Pain : pain de campagne

Tomme de Valgrisenche
Région : vallée d'Aoste
Vin : enfer d'Arvier
Pain : baguette

Table des matières

Marco Parenti, architecte et dégustateur professionnel à l' Organizzazione Nazionale Assaggiatori di Formaggio (ONAF : organisation italienne des dégustateurs de fromages), a dessiné et conçu des sets à fromage, des planches à découper et des couteaux pour le fromage. Il est l'auteur, entre autres, de :

Alla ricerca del formaggio perduto (1999)
Elogio al pannerone (2002)
De pulcritudo casei (2009)

Titre original :
De arte resecandi casei

Traduction pour la 1ère édition : Giovanna Minelli
Traduction complémentaire pour la 2e édition : Stéphanie Girardot

Dépôt légal : octobre 2015
Imprimé à Mondovì, Italie
sur les presses de l'imprimerie Arti Grafiche Dial
pour le compte d'ADVERBUM